第三帝国

20

# 欧洲要塞

（美国）时代生活编辑部 编

刘靖 / 译

修订本



海南出版社
HAINAN PUBLISHING HOUSE

# 目 录


1. 西线的对峙 …………………………………………… 9

2. 滩头争夺战 ……………………………………………65

3. 横扫德国的门阶 ………………………………… 117

4. 帝国上空的激战 ………………………………… 175


## 附 文


勾勒“死亡地带”的蓝图………………………………56

一名纳粹将军拯救巴黎的计划………………………… 164

“疯狂世界”里的生活………………………………… 222

# 致读者

首先应当承认，本书的策划并非出自我本人的想法。

事实上，当一小批时代生活图书公司的编辑和作者开始极力主张推出这样一个系列的时候，我的第一反应是："有关第三帝国的话题难道还能有什么新意吗？"

可是，当前往柏林、华盛顿和莫斯科的采访人员逐步发回他们的稿件——私人珍藏的回忆录和相册堆满了我的办公桌——目击者的记录和官方秘藏的文件被一一发掘出来之后，我觉得我的疑问已经找到了最好的答案。

我们正在接近一项重大的成果：对纳粹统治下的德国的一个全新的认识——从第三帝国的内部来解剖它。

本系列共有21集。每一集都向您展示了第一手的私人记录，从未发表过的照片，亲历者的回忆录和新解密的官方档案。它们恰如一幅徐徐展开的巨型画卷，将读者带回那腥风血雨的黑暗时代，让人仿佛置身于喧嚣狂热的柏林，遍地瓦砾的华沙，燃烧的斯大林格勒，沙尘滚滚的北非，令人不寒而栗的集中营，还有党卫队的秘密会议，希特勒的办公室，他的书房、卧室，甚至把握到他的思想动态。每一本书都有一个中心主题，整个系列连起来则构成了迄今为止最完整、最细致的"第三帝国史"。

这就是我们所做的工作，让真实的历史说话。

时代生活编辑部主编：乔·沃尔

一门重炮从德军在法国北部沿海正在修筑的碉堡中伸出来指向天空。这张照片摄于1943年，当时类似这样的照片曾经极大地鼓舞了德国民众对希特勒的“大西洋围墙计划”的信心，但没有人告诉他们，除了几个重要的港口以外，事实上没有几个地方像这里一样壁垒森严。

# 1. 西线的对峙

1943年11月7日，武装部队最高统帅部（OKW）作战总指挥阿尔弗雷德·约德尔将军，对在慕尼黑集会的一群纳粹省党部头目发表了一番秘密讲话，以庆祝阿道夫·希特勒啤酒馆暴动二十周年。过去的几个月对德国来说无疑是灾难性的，而将军这篇题为《进入战争第五年的战略地位》的演说，细述了帝国目前面临的困境。

1944年春，陆军元帅、德国西线总司令格尔德·冯·伦德施泰特在大西洋围墙的一处工事旁视察。这位经验丰富的老兵根本就不相信这道围墙能够抵挡得住盟军的战略一击，他私下里认为它不过是唬人的“摆设”而已。

不幸的事情真是一件连着一件：轴心国力量在北非全面崩溃；盟军挺进意大利；贝尼托·墨索里尼被推翻；意大利宣布停战；德军在库尔斯克的进攻受挫；苏联红军大规模反攻收复了乌克兰的大部分失地；德军的潜水艇在大西洋被击沉；盟军的飞机终日在德国的上空盘旋。所有这一切已将自参战以来最严重的恐慌从前线传播到每一个德国人的家门前。

接着，约德尔将军语出惊人地把责任一股脑儿地推在了英国人的头上：“都是英国人的错，否则这场为纯净种族和宗教而发起的圣战绝不可能落到今日这步田地。现在全国上下，企图颠覆帝国的力量像恶魔一样肆虐横行。懦夫们拼命地想挤开一条门缝，或者就如他们所说的——寻求和平解决——以便能够逃得一条性命。

尽管手中还有子弹，他们却口口声声只想缴械投降。”最后，这场令人泄气的演说以约德尔的一句预言告终：“英美军队联手进攻欧洲将最终决定这场战争。”

尽管并非军事专家，但纳粹德国的宣传部长约瑟夫·戈培尔也同样意识到了帝国即将面临的险境。这个曾经嘲笑过对手的力量根本不堪一击的德国人现在在日记中写道：“说英国士兵缺乏作战经验和技巧的说法显然是不实之辞。”而且他扪心自问，何以每一个从东线归来的人都坚持“比起苏联红军，我们的军队有着绝对的优势——尽管我们在那里所做的只是一退再退”。

戈培尔从未在公开场合流露过这种情绪。相反，这位希特勒的吹鼓手巧妙地杜撰出一个响亮的字眼——Festung Europa，也就是欧洲要塞，从而成功地掩盖了帝国迅速恶化的局势。这个概念对忐忑不安的德国民众来说是个很大的安慰，因为不管怎样德国还待在一个坚固的要塞的中央。一个要塞不可能没有围墙，于是戈培尔满怀激情地谈起了这座要塞的东墙：在他丰富的想象力的光耀之下，这道围墙从列宁格勒一直延伸到了第聂伯河；至于西部的大西洋围墙，更是沿着西欧那漫长的海岸线一路铺展开来。但是尽管戈培尔像魔法师一样幻化出无数美丽的图景，欧洲要塞还是开始坍塌了。红军已经越过了第聂伯河，大西洋围墙也已经摇摇欲坠。而在英吉利海峡的另一侧，一支由英美两国联合组建的有史以来最为强大的海陆两栖部队正蓄势待发。

在战争以前，希特勒就曾利用一道“西墙”打了一场漂亮的心理歼灭战，这里所谓的“西墙”指的是他在东侵捷克的时候为了保护德国的西部边境，命人面对法国的马其诺防线修筑的一连串防御工事。这些钢筋水泥的碉堡、炮楼、反坦克陷阱使得英国人和法国人误以为欧洲的战略地图确实已改，从而间接地帮了希特勒的忙，使得他在1938年慕尼黑危机中使出的伎俩得了逞。但一旦战争真正开始，就没有人再谈什么围墙了。作为纳粹国防军一系列闪电战的策划者，任何有关防守的话题对元首来说都不啻为一种诅咒。不过，当德军在他野心的驱使下变得不得不四面迎敌的时候，他终于改变了态度。

1940年的秋天，由于德国空军未能冲破英国皇家空军的坚强防卫，希特勒在失望之余决定无限期地推迟进攻英国的“海狮计划”。他决定改从共产主义苏联——他作为权宜之计拉上的盟友和意识形态上的死敌下手。似乎并未想过要巩固他在西欧刚刚征服的领地，希特勒开始向东调兵遣将，以实施他入侵苏联的“巴巴罗萨计划”。除了由第1集团军、第7集团军和第6集团军（后撤换为第15集团军）组成的D集团军群奉命留守之外，德军的其他3支集团军群，从刚刚取得辉煌战果的法国战场上齐步走开，在不久前刚刚荣升西线总司令的陆军元帅埃尔温·冯·维茨莱本的带领下大举向东进发。

1941年6月22日，300多万名德国士兵、3300辆

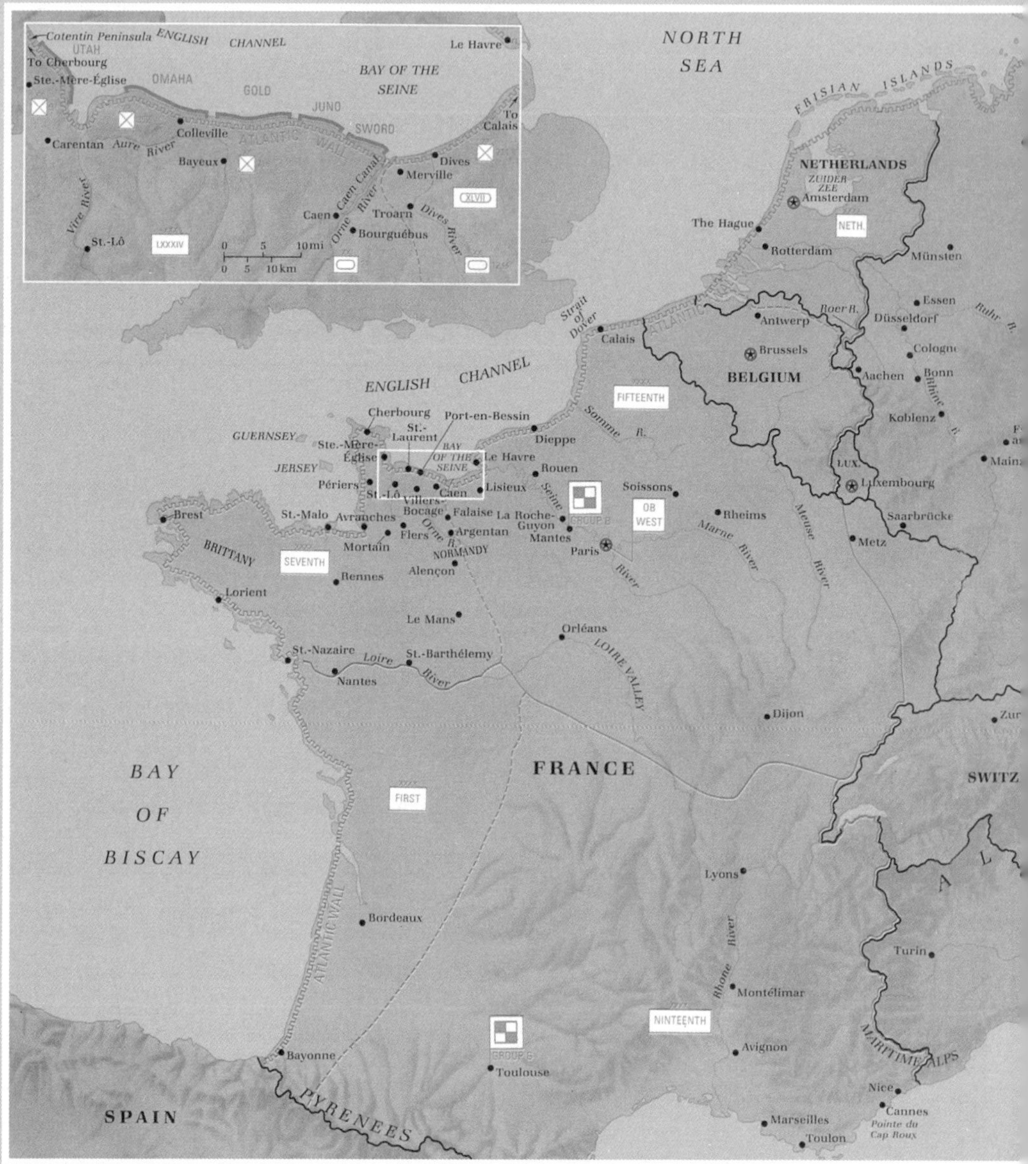

Cotentin Peninsula
ENGLISH
CHANNEL
Le Havre
UTAH
To Cherbourg
Ste.-Mère-Église
OMAHA
GOLD
JUNO
SWORD
BAY OF THE
SEINE
To
Calais
Carentan
Aure
River
Colleville
ATLANTIC WALL
Bayeux
Dives
Merville
Caen Canal
Orne River
XLVII
Caen
Troarn
Dives
River
Vire River
St.-Lô
LXXXIV
0 5 10 mi
0 5 10 km
Bourguébus
NORTH
SEA
FRISIAN ISLANDS
NETHERLANDS
ZUIDER
ZEE
Amsterdam
The Hague
NETH.
Rotterdam
Münster
Strait
of
Dover
Calais
Antwerp
Roer R.
Essen
Düsseldorf
Ruhr R.
Brussels
Cologne
ENGLISH
CHANNEL
BELGIUM
Aachen
Bonn
FIFTEENTH
Somme R.
Koblenz
Rhine R.
Cherbourg
Port-en-Bessin
GUERNSEY
Ste.-Mère-
Église
St.-
Laurent
BAY
OF THE
SEINE
Dieppe
Le Havre
Rouen
JERSEY
Périers
St.-Lô
Caen
Lisieux
Villers-
Bocage
Seine
GROUP B
Soissons
LUX.
Luxembourg
Mainz
Brest
St.-Malo
Avranches
Falaise
La Roche-
Guyon
OB
WEST
Rheims
Saarbrücke
BRITTANY
Mortain
Flers
Orne R.
Argentan
NORMANDY
Mantes
Paris
Marne
River
Meuse
River
Metz
SEVENTH
Rennes
Alençon
River
Lorient
Le Mans
Orléans
LOIRE VALLEY
St.-Nazaire
Loire
St.-Barthélemy
Nantes
River
Dijon
BAY
OF
BISCAY
FRANCE
SWITZ
FIRST
Lyons
ATLANTIC WALL
Bordeaux
Rhone
River
Turin
Montélimar
NINTEENTH
GROUP G
Avignon
MARITIME ALPS
Bayonne
Toulouse
Nice
Cannes
Pointe du
Cap Roux
SPAIN
PYRENEES
Marseilles
Toulon

## 接受命运考验之前的大西洋围墙

1944年春，100万德国军队在陆军元帅、西线总司令格尔德·冯·伦德施泰特的指挥下，受命保卫大西洋围墙——一条从挪威的北角一直延伸至法国和西班牙边界的海岸防御带，该防御带由一连串堡垒组成，总长度达2400英里。阿道夫·希特勒认为盟军最有可能发动进攻的地点是法国沿岸距英国最近的加来海峡省，因此他将最强的军队驻扎于此。然而，当盟军于1944年6月6日真正发起进攻的时候，却选择了位于塞纳湾的诺曼底海滩作为登陆地点。当时这段6英里长的海滩由陆军元帅埃尔温·隆美尔将军带领下的B集团军群负责把守。盟军派出由美国人、英国人和加拿大人组成的总人数达17万人的突击队，分5个不同的地点登陆。

坦克和装甲车、7000 门大炮、2770 架飞机，黑沉沉地压过了苏联的西部边界。一开始，德军可说是连连得手、势如破竹，但在兵临莫斯科城下时却陷入了泥淖。红军战士同仇敌忾，而俄罗斯的严寒天气也帮了他们的忙。希特勒本以为能够迅速击垮俄国。但现在看来事与愿违。闪电战在这里未能奏效，而德国人面对的将是一条新的战线，战线的另一端踞守的是一支被激怒的、有史以来最难对付的顽强力量。由于东线战场像虹吸管一样吸噬了大批原来留驻欧洲占领区的兵力，西线的防御力量明显不足，大西洋围墙计划也就应运而生了。可以说，它是德国军事战略转移的一个里程碑。

截至目前，德军西线的一切行动都在为迎击这场即将到来的进攻做准备。帝国庞大的公共建设机构——曾经修建了德国高速公路和东墙，另外，全权负责占领区工程建设的托特机构已经开始在包括布雷斯特、洛里昂、圣·纳泽尔和波尔多在内的多个法国港口修建潜水艇码头，以便能够更快捷地接近盟军的海上目标。该机构还沿着多佛尔海峡——也就是连接北海和英吉利海峡的狭窄水道，在加来至布洛涅之间修筑了几座炮台。这几尊巨炮射程很远，其炮弹可以越过海峡直接落在 20 英里以外的英国海岸上，它们原本是为海狮计划量身订制的，其功能是为进攻的船只提供炮火支援。但现在它们将作为大西洋围墙的门面在德国人的宣传攻势中大放异彩。

## 为开辟第二战场付出的高昂代价

1942年8月，在击退盟军对迪耶普发动的突袭后，一个德国炮兵小组的成员在沙滩上啜饮啤酒。纳粹宣传部长约瑟夫·戈培尔事后吹嘘道："在迪耶普，盟军坚持了9个小时，但是他们没有围墙。如果下次他们再坚持9个小时，恐怕会做得好一点。"

1942年春，在德国人竭力拼凑大西洋围墙计划的同时，盟军也在忙于制定他们自己的计划。盟军指挥官们相信如果不开辟一个新的战场，那么就无法取得最后的胜利，因此他们决定对德国人占领下的某个法国港口发动一场直接进攻。他们希望能够借此吸引德国人的注意力，从而解苏联之围，同时也希望通过一场决定性的空战和德国空军一决雌雄。

1942年8月19日凌晨一两点钟，一支由237艘皇家海军军舰组成的舰队穿过英吉利海峡向一段长约11英里的法国海岸驶去。这支盟军队伍，包括5000名加拿大步兵、1100名英国突击队员、15名"自由法国"战士和50名美国巡逻兵，正准备向迪耶普的德国守军发起一场自战争以来规模最大的突袭。

此次行动被命名为"大赦行动"，盟军之前封锁消息，希望能够出奇制胜。然而这种希望不久就破灭了。在行进过程中，这支舰队恰巧遇了一艘德国小商船，当时此船正在一艘武装护航舰的护卫之下驶离迪耶普海岸。随之发生的战斗扰乱了此次行动精确的时间表，等到盟军的几支先头部队登上海滩时早已天光大亮，而等待着他们的是早已进入警戒状态的德国人的冷酷目光。

德国士兵躲在位于高高的白垩崖峭壁上的碉堡里向盟军开火。经过一天的激战，盟军伤亡人数达1600人，另外有2000名士兵被俘。慕尼黑的一家报纸得意扬扬地夸耀道，"迪耶普一役已经表明，德国在大西洋沿岸设置的壁垒可以经得起任何考验。"

两名负伤的加拿大士兵躺在迪耶普海滩一辆被丢弃的坦克旁边，一架被击落的飞机正在不远处的水域里燃烧。这支由5000人组成的加拿大突击队伤亡人数达65%左右；德军的死伤人数为591人。

## 从胜败中总结经验

假如说迪耶普突袭是为开辟第二战场进行的一次演习，那么它的代价未免太过高昂。盟军既未能击溃德国空军，也未能成功地将德军的注意力从苏联战场上引开。但是正如温斯顿·丘吉尔后来所写的那样，对于这次突袭行动的策划者们来说，这次行动却是“一座经验的宝藏”。它教育了盟军，直接向一个戒备森严的海港发起正面进攻，并在进攻的起始阶段就不断地增强火力掩护的做法无疑是十分愚蠢的。

但对希特勒来说，迪耶普沙滩上的激战无疑验证了他对盟军进攻目标的揣测。他对此更加深信不疑，因此继续在一些重要的港口城市加大防御力度，而对中间大片的海滩却任其大开天窗。显然，他并没有把陆军元帅伦德施泰特的忠告放在心上。这位沙场老将曾经警告他说：“千万不要相信敌人会故伎重施。下次，他们肯定会变变花样。”

德国士兵正在检视被盟军弃之脑后的28辆丘吉尔坦克中的一辆。这些能在6英尺深的水中行进作战的新式防水型坦克引起了德国人的极大兴趣，他们请来专家以便能够分析其性能上的优缺点。

德国士兵押送加拿大第2师的被俘士兵穿过迪耶普的街道前往战俘营。由于当地居民没有协助盟军作战，希特勒颁给这个城镇1000万法郎的奖金，并且将战俘营中的当地人释放回家以示奖赏。

西部围墙的概念首次出现在陆军元帅、德国武装部队最高统帅部长官威廉·凯特尔于 1941 年 12 月 14 日发布的一次特别指示中。“在我们所控制的北冰洋、北海和大西洋沿岸地区，要最终建立起一道新的西部围墙，以保证我们能以有史以来最少的陆军兵力，轻松击退敌人任何登陆的企图，哪怕是面对最强大的敌人也不在话下。”

当然大西洋围墙不可能是一道真正的围墙，甚至也不可能是一个挨一个的一大串军事堡垒。在法国、比利时、荷兰、丹麦和挪威沿岸绵延 2400 英里的漫长海岸线上——这还不包括法属地中海沿岸地区——建立这样一道屏障注定会将德国的建筑业拖垮。但是元首本负责大西洋围墙计划工程建设的军官们正在向他们的顶头上司，阿尔贝特·施佩尔（中），汇报工程的进展情况。1942年，该组织的创始人和负责人弗里茨·托特死于飞机失事，施佩尔随之继任。为了纪念托特，大西洋围墙中一个最具威慑力的炮台被命名为“托特炮台”。

人似乎并不担忧。根据希特勒1942年3月23日发布的第40号令，大西洋围墙将会是一个把固定的防御工事和可移动作战部队结合起来的综合性防御系统。只有那些最有可能成为盟军进攻目标的大的海港、潜艇基地及重要的河口才有必要派重兵把守。

工程在67岁的陆军元帅伦德施泰特的指挥下正式动工。在此之前，伦德施泰特刚刚接替了疾病缠身的陆军元帅维茨莱本的职务。1944年7月20日，去职两年的维茨莱本因被指证为刺杀希特勒计划的主谋之一而被处以极刑。伦德施泰特本人对这一计划也有所耳闻，但并未参与其中。这位元帅曾是1940年率领德军进攻法国的重大战役的指挥者，后来在巴巴罗萨行动中带领南部集团军群在乌克兰作战，1941年因战术上的分歧被希特勒免职。

伦德施泰特把他的指挥部设在了巴黎，也就是西欧战区总司令部，该部直接对希特勒和最高统帅部负责。这位西线战区总司令走马上任后的第一件事就是规范了各种警报程序，并努力从数量和质量上提高他的作战部队的实力。1942年7月，他圈定了准备重兵把守的地点。它们包括荷兰的登海尔德、艾默伊登港、荷兰湾和位于斯海尔德河口的弗利辛恩镇；法国的敦刻尔克港、加来港、布洛涅港、勒阿弗尔港、瑟堡港和英吉利海峡沿岸的圣马洛港；以及大西洋沿岸的布雷斯特港、洛里昂港、圣纳泽尔港和拉罗谢尔港。设置这些要塞区或防御区——事实上这两个名字是一回事——的目的，是为了阻止来自内陆和海上两方面的进攻。

鉴于美国已对德宣战，希特勒知道盟军的实力将大大增强，他开始推测盟军发起进攻的登陆地点。元首下决心避免第二个战场。“只有一个战场，”他夸口道，“其他一些战线只需少许兵力就可以固若金汤。”

1942 年 8 月 13 日，希特勒下令加固大西洋围墙，他要求在 1943 年春末之前修筑 1.5 万个永久性防御工事，由 30 万作战部队负责把守，15 万的后备部队随时提供增援。这个庞大的建筑目标让托特机构的头头们瞠目结舌。他们的装备和人力都严重不足，即使是加上那数千名强征来的外国劳工，也无法完成这样的一个大工程。按照他们的估计，到指定期限为止只有 40% 左右的工程可以完工。

几天以后，也就是 1942 年 8 月 19 日，盟军水陆两栖部队向位于英吉利海峡沿岸、法国加来海峡省西南 100 英里处的迪耶普港发动了一场突袭。对于盟军来说这是一场可怕的灾难。这支由 6000 名士兵组成的多国部队，伤亡人数达一半以上，且最终还是被无情地抛回大海。盟军迎头撞上的正是希特勒勾画出的大西洋防御墙。它经受住了考验，而且表现得十分出色。

迪耶普一役的胜利更坚定了希特勒加紧修筑地面防御工事的决心，到 1942 年，大西洋围墙已经成为德国战略地图中不可或缺的一部分。不过托特机构的悲观估计不幸被证实。到1943年春天，只有将近50%的防御工事完工。不过不管怎样，这道围墙还是在一些地段先树立起来了，尤其是英吉利海峡和加来海峡省沿岸地区。因为元首和他的将军们认为这一段海岸是盟军最有可能发起进攻的地方。尽管布洛涅和加来并不是最重要的海港，但是其战略重要性在于它们比欧洲沿海其他任何一个港口都更靠近英国；而且直通比利时，是从陆路向帝国发动进攻的最短路径。

大西洋围墙沿线的要塞区往往沿着一段海岸延伸几英里，内设两个防御区：周边防御区和重点防御区。周边防御区的防御工事建在海滩边上，包括反坦克壕、战壕和防护堤。重点防御区位于距海岸几百码的地方，周围环绕着铁丝网、机关枪掩体和反坦克墙。一个典型的重点防御区中心是一个有着6.5英尺厚的水泥墙的碉堡，里面装备有3门或4门150毫米或210毫米的火炮。其中一些伪装得很好以避开盟军的空袭；但其他更多的周围密布着地雷。每个重点防御区都有自己的电力设备。附近还分布着一些较小的碉堡，分别为通讯信中心、弹药库、防毒气室和可容纳80～150人的炮兵宿舍。在离这些主体建筑不远的地方，一般还会有一所小医院和一座水塔。整个重点防御区由装备着机关枪、轻型火炮、迫击炮、反坦克炮和火焰喷射器的步兵把守。另外，还有其他一些防御设施，比如说80毫米高射炮，分设在海岸沿线。

然而，在要塞区之间漫长的海岸线上却只有为数不多的一些哨所和碉堡。在从圣纳泽尔的卢瓦尔河到法国和西班牙边界的650英里长的海岸线上只是象征性地修建了一些防御工事。德国的设计者们认为这些地点离英国太远了，不大可能成为盟军的进攻目标。

作为大西洋围墙计划的督导者，陆军元帅冯·伦德施泰特对眼前的一切并不看好。他认为这些沙滩上的堡垒，无论多么坚固，也只能暂时阻挡住进攻者的脚步。按照他的想法，要想击退敌人，就必须要有大型的可移动装甲后备部队，以便在敌人刚刚登陆但还未站稳脚跟之前就发起攻击。他对他的心腹助手抱怨道："这道壁垒没什么用处，不过是一道'宣传墙'罢了。"

但比起这些门户洞开的海滩，更令伦德施泰特担忧的还是他手下军队的数量和质量，以及他的后备兵源——这自然不是什么空穴来风。事实上德国的兵源已接近极限。表面看来，西欧战区总司令部有58个师的兵力可以部署在1400英里的海岸沿线。然而，为了能够弥补东线战场不断攀升的伤亡数字，希特勒早已习惯于把伦德施泰特这里当作他的兵源库，而最近由于意大利战场吃紧，希特勒的手就伸得更长了。一个又一个师的人马被拉赴战场和苏联红军或盟军交手，然后精疲力竭地返回伦德施泰特处休养生息。经过补充兵源、合并整编和再次受训后就又被拉上战场。另外还有一些新兵师正在受训中，一旦训练结束也必然会被希特

一个德军碉堡伪装得很巧妙，它被漆上了假墙和房梁，所以无论从哪个方向看都像是一幢普通民居。德军的工程师们恪守的一条准则是：伪装和钢筋水泥同样重要。

勒调往伤亡惨重的苏联和意大利战场接受炮火的洗礼。

除了少数几支伞兵部队和装甲部队之外，伦德施泰特的所有海岸驻军都谈不上兵强马壮。他们大多由已年近四十或四十以上的老兵、稚气未脱的娃娃兵和其他一些早已不适应战场严酷环境的人员组成。士兵名册中的一些空白位置是靠散居在欧洲各个地方的日耳曼族侨民和从被占领区征召来的非日耳曼人来填补的。后者中的许多人是苏联战俘——有亚美尼亚人、阿塞拜疆人、乌克兰人、格鲁吉亚人、鞑靼人、哥萨克人和其他一些民族的人，这些人被称为“反布尔什维克志愿兵”。他们中的一部分加入德国军队是为了逃避东部战区战俘营中的可怕生活。另外一些则出于政治上的原因——他们仇视斯大林，希望能够通过这场战争把他们的国家从共产主义阵营中解救出来。

这支杂牌军中还有一些来自东线战场，他们是由于枪伤、冻伤和其他一些疾病退转下来的伤病员。比如说第70步兵师，几乎都是由罹患严重胃病的士兵组成的，因为他们特殊的膳食需要，被五花八门地冠以“奶糊师”或“白面包师”之类的特殊称号。

海岸守军的武器和装备也都是次一等的，许多是用外国材料制造的过时货。坦克奇缺，有些作战单位甚至连马拉的运输装置都没有。

1943年10月，伦德施泰特在给希特勒的一封信中以悲观的语调表达了他的担忧。他说，以他目前手中的兵力，他只能保证沿大西洋围墙尽量布防，但能否守得住就无法保障了。他的参谋长，京特·布卢门特里特将军，认为这封信毫无虚饰地描绘出了当时的“真情实景”。希特勒对此的反应是于9月下发了第51号令。元首对伦德施泰特的大部分观点表示认可，但是他仍然相信只要有足够的人手、弹药和军需品供应，以及下达只许死守、不许后退的命令，这些海岸堡垒就一定能够阻挡住盟军的进攻。

德国政策已经到了要有一个根本性改变的时候了。自从1941年6月巴巴罗萨行动展开以来，德军将大部分兵力投入到对苏作战之中。“来自东方的威胁依然存在，”希特勒宣称，“但更大的威胁已在西方出现，那就是盎格鲁－撒克逊人的登陆。”在广阔的东部战区，放弃一点土地算不得什么，但在西部战区，由于各国之间门户相连，寸土的得失都关系到帝国的存亡。“在这儿，”他写道，“如果敌人成功地在我们的西部防线上撕开一个口子，那么不久我们就会尝到攻守力量失衡的恶果。所有的迹象都表明，最迟到明年春天，我们在欧洲西线会遭遇到一次进攻。因此，我不会再出于对其他战场的考虑而对西线持续削弱的兵力坐视不管。我决定下大力气充实西线的防御力量。”

此后不久，希特勒下令将新近制造的大部分重型武器都运往大西洋围墙。同时下令火速向西线防御区派发 8 个月的弹药和给养，另外明令如果没有他的同意，任何人不得擅自调用西部军团。希特勒同意伦德施泰特的看法，认为应提前充实装甲力量以具备快速有效地组织大规模的滩头阻击战的能力。“问题在于，”他说，“通过严格的训练使目前我们可以调用的装甲部队成为一支一流的、斗志昂扬的、全面具备流动作战能力的后备力量。”而防御重点仍然圈定在英吉利海峡沿岸地区。

考虑到形势的严峻性，希特勒决定启用德国最著名的将军，富有传奇色彩的陆军元帅，前非洲军团指挥官埃尔温·隆美尔将军，来指挥海岸防御系统。德国最高统帅部希望隆美尔能够利用他丰富的作战经验和全面的军械知识再立新功，同时也希望以他的出现减轻德国公众的恐慌和猜疑，并对盟军形成一定的威慑力。

一队由在北非战场俘获的印度战俘和一个好战的印度民族主义团体的成员组成的志愿兵，迎接陆军元帅埃尔温·隆美尔的检阅。这些志愿兵是德军为了补充大西洋围墙计划防御力量的不足而征招的7.5万名外籍士兵中的一部分。

1943年12月中旬，隆美尔在公众近乎白热化的欢呼声中开始了他的战地考察。约瑟夫·戈培尔的纳粹宣传机器大造声势。报纸、广播、纪录片，关于隆美尔将军的各类报道一时满天飞。

“沙漠狐狸”也乐得潇洒。他告诉那个像影子一样黏着他不放的摄影师说：“你可以尽情地摆弄我，只要它能够将敌人的进攻计划推迟一个星期就行了。”

但考察中的所见所闻不由得让隆美尔灰心丧气，使他大为震惊的是整个防御系统完全缺乏一个全局性的战略规划。首先，他认为这个所谓的大西洋围墙计划不过是希特勒丰富想象力的产物而已。他戏称它为“完美的梦幻之墙”。其次，他认为他所见到的陆军兵力根本不足。海军和空军在他看来也不堪一击。一旦进攻之日来临，至少会有几千架英美战斗机飞抵海滩上空，它们的机翼会遮天蔽日，让日月无光，而德国空军能够调集起来迎击的却只有不到 300 架战斗机。海军的舰船数量也少得可怜，而且没有一只大得过一艘驱逐舰。

鉴于德军兵力明显薄弱，隆美尔看出除尽全力阻止盟军登陆之外别无他途。根据他在北非战场取得的作战经验，他认为一旦盟军建立起滩头阵地，那么它就会在德军发起大规模反攻之前派出大批的战斗机和轰炸机。隆美尔曾生动地将之描述为："不管是谁，即使装备有最先进的现代化武器，如果必须与一支占有绝对空中优势的队伍作战，那么无异于一个原始人迎击一支现代化的欧洲部队。"但问题是隆美尔无权实施自己的这些建议，他只能寄希望于希特勒和最高统帅部采纳他的意见，然后再以命令的形式下达给伦德施泰特来具体实施。

伦德施泰特很赞赏隆美尔的领导才华，但是他对上面派一个下级军官来检阅他的防御系统感到十分愤懑。当隆美尔在巴黎以南 65 英里处的枫丹白露建立了自己的指挥部时，伦德施泰特向柏林的最高统帅部表示了他的强烈不满，他直言不讳地质问陆军元帅凯特尔是否已将隆美尔内定为他的接班人。而凯特尔的保证根本就无法消除他胸中块垒。伦德施泰特对西欧战区总司令部内部的指挥链几乎完全失望了。

伦德施泰特既不能调遣空军也不能调遣海军。他可以向第 3 航空队司令官、陆军元帅斯佩莱寻求空中支援，但斯佩莱直接受命于纳粹空军司令赫尔曼 · 戈林，因此经常对伦德施泰特的要求置若罔闻。而海军西部集群指挥官，海军上将特奥多尔 · 克兰克，无论是在海上作战上还是港口防御上都只对海军元帅卡尔 · 邓尼茨负责。党卫队各师，尽管受陆军的指挥，却可以直接向党卫队头子海因里希 · 希姆莱诉苦，并将他们不愿接受的命令推倒重来。而托特机构的顶头上司是军备和战时生产部部长阿尔贝特 · 斯佩尔。但是伦德施泰特在未获得希特勒允许的情况下却无权调用他手下的军队。战争结束之后，伦德施泰特曾有一次发泄了对当时这种状态的不满。“作为西线总司令，”他用辛辣的讽刺语调说道，“我唯一的权力就是可以撤换我门口的卫兵。”

希特勒最后决定任命隆美尔为伦德施泰特麾下的 B 集团军群的总司令，负责守卫从荷兰角到卢瓦尔河口的海岸线。受 B 集团军群管辖的军队包括由德国空军弗里德里希 · 克里斯琴森将军指挥的驻荷兰守军；由汉斯 · 冯 · 扎尔穆特将军率领，驻扎在比利时的斯海尔德河口和流入诺曼底塞纳湾的迪沃河之间的第 15 集团军；由弗里德里希 · 多尔曼将军率领，负责守卫科唐坦半岛、诺曼底的卡尔瓦多斯海岸和布列塔尼的第 7 集团军。除 B 集团军群之外，伦德施泰特麾下的其他军队还包括由陆军中将库特 · 冯 · 德 · 谢瓦勒里指挥，驻守在比斯开湾的第 1 集团军，和由格奥尔格 · 冯 · 佐登斯特恩将军

距诺曼底海岸数公里处的法国农田变成了一片沼泽，这是德国人为了阻止盟军的空降兵和滑翔机着陆想出的招数。陆军元帅隆美尔下令在条件许可的范围之内尽量放水淹田。

指挥，驻扎在法国地中海沿岸的第 19 集团军。这两支军队被整编为 G 集团军群，由约翰内斯 · 布拉斯科维茨将军率领。

隆美尔统领的第 7 集团军和第 15 集团军仅向内陆延伸了 6 英里左右的距离，首先，他手下居然没有一个装甲师。伦德施泰特将驻扎在法国北部的 9 个装甲师合并为一个装甲西部集群，交由利奥 · 盖尔 · 冯 · 施韦彭贝格将军调遣。根据他在俄国战场学来的经验，盖尔使伦德施泰特深信阻止盟军进攻的唯一办法就是在他们刚刚登陆但还未站稳脚跟之前给予其决定性的迎头一击。盖尔坚持把装甲西部集群集中在离海岸较远的安全地带。隆美尔对此提出了严正抗议，而伦德施泰特就此做出的唯一让步是命令盖尔把他的装甲师的驻扎地点向离海岸较近的地点挪一挪。隆美尔勃然大怒，他在对他在北非作战时的前参谋长、莱尔装甲师指挥官，弗里茨·拜尔莱恩中将谈及此事时说：“我们从东线回来的朋友恐怕想象不出他们要面对的将会是什么。”

这场有关战略战术的争辩最终闹到了希特勒那里。原则上说，元首站在隆美尔一边。不管怎样，大西洋围墙计划的基础逻辑就是要在盟军踏上海滩之前就让他们打消进攻的念头。但是由于谁也无法确知盟军究竟会从哪里发动进攻，所以元首也无法下决心将伦德施泰特的计划完全推翻，该计划的明显优势在于无论进攻在哪里发生，装甲部队都能适时做出反应。这个分歧一直没有得到真正的解决，而当盟军最后真的来了的时候，这种战略思想上的不统一也确实助了盟军一臂之力。

然而，隆美尔在自己的辖区里有充分的自主权，于是他放开手脚对这里的防御工事进行了改造。不久，诺曼底海岸就密密麻麻布满了反坦克和反空降障碍物，场面颇为壮观，而且其中有不少是隆美尔亲自设计的。为了干扰盟军伞兵和滑翔机着陆，他下令放水淹没了海滩附近的部分农田。在其他一些地段，他命人竖起一排排 10 英尺高的树桩，在上面拴上缴获来的炮弹，然后接上引信。德国兵们戏称之为“隆美尔芦笋”。隆美尔还大面积地铺设地雷，将海岸以内 5 ～ 6 英里的范围改造成了他所说的“死亡地带”。尽管物资供应和交通运输面临前所未有的困难，但经过不懈努力，隆美尔带领手下士兵共埋雷 400 万颗，比之前 3 年铺设的地雷总数还要多不止一倍。

和伦德施泰特高高在上的贵族气派和学院风格相比，隆美尔显得直率、严苛、精力充沛。为了实现他的战略设想，他总是用小鞭子把他自己和他的属下都抽得团团转。他不是出现在兵营里，就是出现在建筑工地上，用自己火一般的热情鼓舞士兵们振奋精神。他随时都会让司机停车，然后从尚未停稳的车上一跃而下，接着就开始一连串地提问题。工程中的任何一处延误或疵点都逃不过他的眼睛。“他是一位不同寻常的士兵，而且对技术问题有着浓厚的兴趣。”他的海军顾问，弗里德里希 · 鲁格将军这样回忆道，“只要是与技术有关的东西，他就能很快看出其中的门道来。如果谁在头天晚上给了他一个建议，那么第二天早上他就会打电话过来并提出他的修改意见。他非常喜欢摆弄器械，而他的建议也往往一语中的。”

在 1944 年 3 月中旬以前，希特勒一直坚信盟军会就近从海路向加来进攻。盟军也想方设法来加深他的这个错误印象。在一个叫作“刚毅行动”的战术演习中，他们巧设计谋，使德国人相信乔治 · 巴顿中将和一支所谓的美国第 1 集团军群正在英国的肯特郡沿岸蓄势待发，随时都有可能越过多佛尔海峡。在此之前，巴顿被风风火火地从地中海战区召回英国，并被授予这一捏造出来的第 1 集团军群司令员的头衔。无线电波传送的假消息；美国兵扎下的假营盘；佯装进攻的登陆舰队；被俘德国间谍发回的假情报——所有这一切都使希特勒和德国最高统帅部越来越坚信，不管敌军从哪里现身，加来海峡都会是他们的主要进攻目标。而在这些表面文章的背后，真正的登陆部队正悄无声息地积极备战。

但到了 3 月 20 日，希特勒却突然改变了主意。也许是德国的情报机关得到风声，发现盟军在英国南部集结了大批兵马。也许是盟军空袭方式中的某些细微变化引起了他的怀疑。总之不管是出于什么原因，希特勒得出结论，盟军发动进攻的地点将会是诺曼底或布列塔尼。更重要的是，他接受了隆美尔的观点，认为入侵者必须在踏上海滩之前就被消灭掉，从而解决了（尽管只是暂时的）伦德施泰特与隆美尔之间长久以来在战术上的分歧。“务必以迪耶普一役为例，”他在是日召开的西线战区指挥部高层会议上说，“不惜一切代价，在几个小时，或者至多不过几天的时间内，全面粉碎盟军的登陆计划。”

受到这次讲话的鼓舞，隆美尔求见了希特勒并要求将盖尔的后备装甲师移至海岸地区并置于他的直接领导之下。第二天，希特勒同意了。但 24 小时之后，在伦德施泰特和最高统帅部作战指挥部部长约德尔的抗议之下，他又改变了决定。当隆美尔得知这一消息时，不由得怒不可遏，他从牙缝里挤出一句话：“谁最后一个从他的门中走出谁就是对的！”

5月初，希特勒再次改变了主意。他仍然相信敌人会从诺曼底海滩登陆——当然也可能是其他地方——但这些都只不过是为了配合加来海峡的主要进攻而采取的牵制性行动。这个预测成了新的信条。包括隆美尔也同意希特勒的这个观点，至少在初期确是如此，尽管有迹象表明后来他又改变了看法并认为诺曼底最有可能成为盟军实际发动进攻的目标。在希特勒做的所有预测中，这一个让他付出了最为惨重的代价。当D日最后真正到来的时候——而且在其后最为关键的几周里——他始终拒绝将战斗力最强的第15集团军调至真正需要它的诺曼底地区。

希特勒对装甲后备师的最后部署直接源自他对盟军进攻地点的新看法。围绕着装甲师部署问题的争论一直持续到5月，伦德施泰特拒绝再卷入此中，他抽身而退，把问题留给了他的两个下属——隆美尔和盖尔。盖尔到帝国总理府花园做了最后摊牌，元首于是采取了一个折中的办法，而这个办法让双方都很不满意。他给了隆美尔一直极力争取的装甲后备师，但数量不多且不是力量最强的部分。6个装甲师中的3个，第2装甲师、第21装甲师和第116装甲师，加入了隆美尔的B集团军群。不过其中只有第21装甲师奉命向诺曼底方向转移，最后驻扎在了卡昂。剩余的3支——力量最强的党卫队第1装甲师、第12装甲师和莱尔装甲师被整编为最高统帅部装甲后备军，直接听命于希特勒，其他任何人无权调遣。党卫队第12装甲师和莱尔装甲师被安置在距离海岸线55英里左右的安全地带，而党卫队第1装甲师被派至比利时。元首的这种安排实际上将两个具体负责大西洋围墙防御任务的指挥官都捆住了手脚，现在他们谁也无法自行其是了。

1944年6月6日，星期二，盟军从位于科唐坦半岛和奥恩河之间塞纳湾处的60英里长的诺曼底海岸上登陆，发动了对欧洲要塞的进攻，他们将这次行动命名为“霸王行动”。德国人在完全没有准备的情况下遭受沉重打击。

德国人毫不知情的一个原因是受到了天气的愚弄。由于德国空军损伤惨重，它在西线几乎完全丧失了战斗力，德国的情报人员因此已无法进行空中侦察。为了预测盟军的动向，德国人不得不依靠大量的推测和臆断，事实上已陷入十分危险的境地。他们的推断之一是：盟军不会在海上天气状况不好和没有空军掩护的情况下贸然出击，换句话说就是他们会选择一个风和日丽的好天气出发。

在6月4日打头的那个星期里，按照纳粹国防军气象服务站的预报，大部分时间天气将极端恶劣——阴天、强风、有雨。6月5日晚，克兰克将军取消了海上巡查，海岸驻军从司令部到各个碉堡都暂时放松了警戒。

多尔曼将军，驻诺曼底和布列塔尼的第7集团军的指挥官，利用这个空当安排他的高级军官到雷恩参加一堂地图演示课。隆美尔在本周初回了德国，他决定在他位于墨尔林根的家中抓紧时间休整一下，6月6日顺便为他的妻子庆祝一下50岁生日。然后他计划到帝国总理府就一些问题和希特勒举行一次会晤。走之前他委托他的参谋长，汉斯·施派德尔将军，全权负责B集团军群的一切事务。

然而6月4日开始的这个星期，按照德国人对潮水涨落情况和天亮时间的推算，却又是难得的登陆好时机。盖世太保打入法国抵抗组织的谍报人员警告说一场进攻已箭在弦上，而且6月4日，赫尔穆特·迈尔，第15集团军情报处的一名中尉军官，从发给法国抵抗组织的一条电码中截取到一条信息，该信息指示进攻将在48小时内发动。这条惊人的消息被送至最高统帅部、西欧战区总司令部和B集团军群指挥部，却石沉大海。约德尔把此事交给伦德施泰特，伦德施泰特则想当然地认为隆美尔的军队会紧急备战，事实上隆美尔将军不在，而施派德尔将军把这条消息当作又一个谣传放在了一边。

盟军总司令，德怀特·D·艾森豪威尔将军，在本周因为天气恶劣已经被迫取消了一次进攻。但值得庆幸的是，盟军的气象预告要比德军的精确得多，这要归功于一个从新斯科舍一直覆盖到苏格兰的气象站网。气象专家们预告6月6日天气恶劣，但中间会有几小时时间天光放晴。抉择的过程是痛苦的。一直到成千上万名盟军士兵从英国南部拥挤不堪的港口挤入运兵船和登陆艇，顶风冒雨驶离海岸时，艾森豪威尔才最后下定了进攻的决心。英国陆军元帅，伯纳德·劳·蒙哥马利爵士，将担任此次登陆行动的总指挥。

载着一个英国空降师和两个美国空降师的盟军飞机已于6月5日午夜之前起飞，负责海上进攻的舰队也已驶入了英吉利海峡。这支舰队包括1200艘战舰，4200只登陆艇，上载2个英国步兵师，1个加拿大步兵师和3个美国步兵师。他们将于次日凌晨在诺曼底海岸沿线的5个地点分别登陆，同时将有1.15万架飞机提供空中支援。

美军登陆部队的第一个进攻目标是位于科唐坦半岛尖端的港口城市瑟堡。担负此项任务的是由奥马尔·布拉德利中将率领的美国第1集团军。美国的两个空降师，第101和第82空降师将在半岛东部海岸的德军防线内降落，以夺取重要的公路枢纽，炸毁桥梁，以切断德军的后援。然后他们将等待美国第7军的到来，该军将于清晨6点30分在半岛东部海岸代号为“犹他海滩”的地点登陆以形成盟军的左翼。一旦空降部队的压力有所缓解，第7军就将集中力量出击，将科唐坦半岛拦腰斩断并夺取瑟堡；同时，美国第5军将在东部海岸的另一个代号为“奥马哈”的地点登陆，然后向内陆推进并与

在D日中午召开的一次碰头会上，德国空军司令赫尔曼·戈林正将诺曼底海岸军情图上标注的一个盟军登陆地点指给希特勒看。元首本人之前正在与匈牙利首相多梅·斯托尧伊

（下排左一就座者）和外交部部长约阿希姆·冯·里宾特洛甫（上排，左一）举行会谈，他拒绝接受进攻已全面展开的事实：在他看来，盟军的主要进攻目标仍然是加来海峡。

右侧的第 7 军和左侧的英国第 30 军连成一线。

美军登陆后一小时，一支英加联合部队将由迈尔斯·登普西将军带领，在毗邻的 3 个地点登陆——英国第 30 军将作为盟军进攻的中路在“黄金”海滩登陆，英国第 1 军将作为盟军左翼在“朱诺海滩”和“剑滩”登陆。登普西的目标是占领跨奥恩河两岸的卡昂和位于卡昂和瑟堡之间的主要干道旁的拜约。

时针刚过午夜，驻在蒙特堡以东的装甲步兵师报告说他们已与美军第82空降师的伞兵们展开了激战。不久之后，德军第709师指挥部也报告说俘虏了一批美国101空降师的空降兵。几乎在同一时间，威廉·里希特少将，716步兵师指挥官，在大概是进攻区域的中心位置的地方给第84军指挥官埃里希·马克斯打电话，告诉他英国的伞兵已在奥恩河以东着陆。鉴于盟军的3支空降师已被查明身份且两个登陆地点彼此相隔50英里，马克斯确信进攻已经开始。

凌晨两点，马克斯将军命令他的部队和第21装甲师进入一级战备并通知了马克斯·彭塞尔少将，彭塞尔在多尔曼将军不在的情况下负责指挥第7集团军。彭塞尔在得到消息后又给B集团军群司令部挂电话通知了施派德尔将军，然而施派德尔并不同意进攻已经开始的说法。不过几分钟之后他就会明白这只不过是他的犟脾气在作怪，因为扎尔穆特将军，第15集团军司令，打电话告诉他约瑟夫·赖歇特将军在第711师指挥部听到了机关枪的轰鸣。

整整8个小时，施派德尔一直不愿与隆美尔联系。最后，上午10点15分，他终于拿起了电话。隆美尔拿起听筒，听了两分钟，然后咕哝道："我真是蠢透了。"他告诉施派德尔他将取消与希特勒的会面并火速踏上归程。是日下午一两点钟，他已乘着他的指挥车奔驰在法国的原野上了。

西欧战区总司令部和最高统帅部也同样判断失误。在破晓前的几个小时里，伦德施泰特，尽管自己也疑虑重重，而且未能与约德尔联系上，但他最终还是擅自做出决定命令党卫队第 12 装甲师和莱尔装甲师向前线转移。清晨 6 点钟，约德尔一觉醒来，被助手告知伦德施泰特已采取行动，他立即下令取消这次行动，并声明仅仅根据盟军伞兵有所行动的报告就判定这就是主要登陆未免还为时过早。何况他也不愿打扰元首的休息。希特勒长期以来一直受失眠症的困扰，此时服用了安眠药正在睡觉，而最高统帅部的每一个人都不愿意叫醒他。直到上午 10 时，盟军已向全世界发布了登陆消息之后，约德尔才下令希特勒的贴身副官鲁道夫 · 施穆特将军，叫醒元首并通知他这个消息。希特勒听到这条消息时显得十分平静，他下令通知凯特尔和约德尔立即前来向他汇报。当他们到达时，元首问道："这是真正的进攻吗？"二人于是就早上发生的战斗向他做了一个全面的概述，希特勒踱步走到挂在墙上的一幅法国地图前，似乎是忍俊不禁地发出一串低笑："这么说，是我们搞错了？"

德国人的迷惑和混乱多数是盟军实施"刚毅行动"的结果。兵不厌诈，按照此计划，盟军不断派飞机向海岸地区空投穿着空降兵服装且身上拴有可模拟机关枪声的电子装置的橡皮人，在当地的德国守军中引起很大恐

1944年6月7日，拨给美国第82空降师的给养顺水漂进一片农田里。照片前景部分的那架飞机在前一天的D日进攻中坠毁。

慌；他们派情报和技术人员在加来海峡上空通过无线电波用假消息编织了一张大网；并授意上面绑着巨型气球的船只故意闯入德军雷达的监控区内，以造成一支庞大的舰队正向着加来进发的假象；他们还下令投弹手从飞机上向下抛撒撕碎的铝箔，以使德国人根据雷达屏幕上的信息误以为成群结队的轰炸机和空降兵运输机正向他们的头顶飞来。

正当德军犹豫不决的时候，美军位于卡朗唐附近的第82和第101空降师、和位于奥恩河的英军第6空降师正在为不辱使命而英勇作战。英国空降兵准确地定点降落于奥恩河畔、卡昂运河大桥和贝努维尔镇附近。几分钟之内，他们就按照计划炸掉了几座桥——尽管其中的大多数桥坐落在隆美尔不久以前下令放水淹没的地区，其中一部分士兵因此而丧生。英军的其他目标包括位于梅维尔的海岸堡垒，该堡垒战略位置极佳，是剑滩的一道牢固屏障；以及位于特罗阿恩的迪沃河上的桥梁，这些桥梁是德军从西部内陆向滩头阵地发动战略反攻的必经之路。经过一场激战，英军在凌晨 5 点钟左右拿下了梅维尔的海岸堡垒；20 分钟后，他们炸毁了迪沃河上的桥梁。

相比之下，美国空降兵就没有那么幸运了。低矮的云层使得负责运送美国第 101 空降师的滑翔运输机无法准确地到达指定位置，而德军猛烈的高射炮火也打乱了他们的飞行编队。该师伤亡人数达 30%，而且在着陆过程中损失了大约 1/3 的辎重。不过，尽管该师的 6600 名士兵最后集合在一起的还不足总数的 1/3，但他们还是成功地在 D 日拿下了从内陆指向犹他海滩的通路并将它们牢牢地掌握在了自己的手里。

美国第 82 空降师所面临的局面更为险恶。由于探路飞机所做的标示模糊不清，而他们所乘坐的运输机的飞行员们又不得不上下迂回以避开德军的高射炮火。结果伞兵们实际着陆的地点与预定目标相隔甚远，而且彼此分隔，散落在数英里的范围之内。一些士兵落在被德军放水淹没的农田里当场溺毙。而其余的大多数又恰好掉在德国第 91 空降师的营盘里面被打了个七零八落。第 82 空降师最后只成功占据了一个目标，然而，这个目标后来却被证明有着极其重要的意义。该师的一支队伍占领了圣米尔－埃格利斯，从而为阻止德国人对犹他海滩的反攻竖起了一道屏障。

在D日天亮之前的几个小时里，盟国空军利用其强大的空中优势不断出击，集中轰炸德国人的飞机场、军需品仓库和桥梁。德军的通信设施在此之前本已遭到法国抵抗组织的破坏，此时更是遭到沉重打击。英美两国的战斗轰炸机炸毁了巴黎与海岸地区之间的所有重要铁路和高架桥，并且对着德国第84军的后防区一阵狂

由于退潮，隆美尔在海边浅滩上设置的障碍物露出海面，成了第一批登上奥马哈海滩的美军士兵们唯一可以借以藏身的掩体。德国第352步兵师的猛烈炮火使得美国人在6个小时内只能趴在海滩上动弹不得。美军死伤人数达2000人，包括右图中那名僵卧在沙土中的死去的大兵。

轰滥炸。然后，云开雾散，一轮红日喷薄而出，他们又在登陆区域内，对准隆美尔的海岸壁垒投下了 1.2 万吨炸弹。

破晓时分，德国第 716 和第 352 步兵师的士兵们正从他们位于诺曼底海岸沿线的碉堡里向着远处的海面焦急地张望着。整个晚上，他们都在收听已送往西欧战区总司令部和 B 集团军群的战报。从凌晨两点钟开始他们已经奉命进入了战备状态。第 352 步兵师可是一块难啃的硬骨头，该师在 6 个月前成立，成员都是从东线抽调来的经验丰富的老兵。尽管隆美尔在数月之前已将这个师从圣洛驻地调至海岸地区，但该师的存在对盟军的谍报机关来说还是一个秘密。

一等兵海因 · 谢韦尔洛，德国海岸驻军的一个炮兵前哨，从他的连长弗雷尔金中尉处借过来一架双筒望远镜。谢韦尔洛、弗雷尔金和克罗内中士合住在附近的一幢农舍里。当警报拉响的时候，他们冲下沙丘加入他们的同伴们中间。谢韦尔洛趴在水泥围墙的上面透过清晨的薄雾向海面望去，克罗内问道：“看到什么了吗，海因？”

“没什么动静，”他说，“什么也看不见。”

在一个德国碉堡里从这个角度向外望，盟军的登陆艇和德国人在朱诺海滩的水域中设置的障碍物清晰可见。这片海滩后被加拿大第3步兵师占领。

随后，他们听到了从云层之上传来的轰炸机的轰鸣，并感到大地在炸弹掀起的气浪中震颤，这些噪音撕扯着他们的神经。但这种状况只持续了几分钟。不知为何，这些炸弹并未击中他们——事实上整个连队都毫发无损，就像是一个还未来得及接就挂掉了的电话。他们当然不可能知道这是由于盟军指挥部担心重型轰炸机在厚厚的云层中摸索飞行时看不清目标，所以在最后关头下令将投弹时间再向后推迟几分钟，以免误伤正在向海岸靠近的登陆艇。事实上大部分炸弹落在了他们碉堡后面的田野里，并未造成什么伤亡。

德国兵们绷紧的神经放松了，他们点上香烟，开始为自己准备早餐。弗雷尔金中尉钻出碉堡，漫不经心地拿起了他的望远镜。眼前的情景让他整个呆住了。“不可能，不可能的。”他感到透不过气来。他把望远镜一把塞到他身边的一等兵手中，飞身跑回碉堡。现在谢韦尔洛也看到了——这骇人的场面足以让任何人的血液凝固：船，数不清的船，排成一支庞大的、似乎无边无际的船队随着波涛的起伏从天边颠簸而来；战舰、巡洋舰、驱逐舰、指挥舰，看上去就像是一片炮塔、天线、烟囱、阻塞气球的丛林；在它们的后面，行进在护卫舰中间的是满载士兵的运兵船和登陆艇，由于负重而吃水很深，显得迟缓笨拙——这哪里是一支舰队，简直是一座浮动的城市，而这座城市此时正向他们迎头驶来。

“瞧，来了个大家伙”，谢韦尔洛喊着，“它要在我们的左侧登陆了。”克罗内也凑了过来。“他们一定是疯了。难道他们打算游着上岸吗？就在我们的枪眼前面？”

美国军舰卸下了32辆水陆两栖的沙曼式坦克，但大部分被波涛汹涌的海水湮灭，像石头一样沉了下去。少数几辆挣扎着开上了岸的也被德军的反坦克炮击毁。在沙曼式坦克后面紧跟着的是第一批登陆艇，一共6只，2只旋即被反坦克炮火击沉。其余4艘冲过第一道沙障，从斜坡上跌跌撞撞地滚落下来。尽管德军机关枪射出的子弹打在登陆艇的金属船舷上叮当作响，此次进攻的尖刀队员，美国第1步兵师的士兵们，还是勇敢地跳入齐腰深的水中，挣扎着扑向岸边，但不久就纷纷倒在机关枪的火舌之下了。几分钟之内，就已经有这么多的美国人死于德国人的枪下，以致那些幸存者紧紧趴在沙滩之上，不能动也不愿再动了，他们的大多数军官非死即伤。奥马哈海滩上的血腥杀戮开始了。

在近 3 个小时的时间里，这场德国人占尽天时地利的战斗激烈地进行着。他们把炮火集中在美军的炮舰上，几乎击毁了上面所有的大炮，船上的炮手们也伤亡惨重。在进攻队伍的右翼，一艘登陆艇的指挥官，不愿重蹈第一批坦克的厄运，擅自做主，直接将他的舰艇开上了沙滩并卸下了 16 辆沙曼式坦克，其中半数被德军的反坦克炮击毁，剩余的 8 辆终于成功地投入了奥马哈海滩上的战斗。

上午过一半时，大约有 1000 名美国人或死或伤躺在沙滩上。布拉德利将军意识到美国第 5 军正面临着失掉这场战争的危险。于是他命令海军炮舰开火，即便是伤及自己的队伍也在所不惜。战舰和驱逐舰们纷纷把炮筒对准奥马哈海滩上的堡垒开火。德军负责防御的两个师终于感受到了美国大炮的强大威力，就在这时，他们却忽然发现自己的弹药已所剩无几了。

美国人面临抉择，是在隆美尔设置的障碍物之外的水域中徘徊呢，还是冒着德国人的炮火，一点一点地向海岸靠近。临近中午的时候，一些小分队，有的人数甚至不超过一个班，终于冲破了德军坚强的外围防线。

WN-62 号要塞是最先被攻克的。海因 · 谢韦尔洛所在的炮兵连为了节约子弹已经只能一次发射一发子弹了。整个上午，由于盟军飞机的阻拦，没有一粒子弹送

在加拿大士兵的监视下，来自德军第716步兵师的战俘们正迈步离开朱诺海滩前往战俘营。D日晚，加拿大士兵已经巩固了滩头阵地并开始向内陆的杜夫尔和卡昂进发。

抵德国前线。谢韦尔洛自己已经用机关枪向美国人发射了1.2万枚子弹，现在他手头剩下的只有曳光弹了。当他所在的碉堡中的每一个人都打完了最后一发子弹的时候，他们注意到这个要塞区内的其他堡垒也早已陷入了死一般的寂静。现在，这座碉堡只能毫无遮拦地接受盟军坦克和炮舰的洗礼。是时候逃命了。于是碉堡里的士兵开始向营地后面的山丘跑去，这时，美国人开火了，只有谢韦尔洛和一个信号兵设法逃到了安全地带。

在自此向西20英里处的犹他海滩，形势却恰恰相反，一批批倒下的是德国兵。在第709步兵师守卫的W-5号要塞中，亚瑟·扬克中尉正透过硝烟和尘土向外看。

盟军炮舰的炮火加上随后而来的几百架中型轰炸机的狂轰滥炸，已经摧毁了该据点所有的反坦克炮和大多数堡垒。扬克所在的碉堡里的士兵们在不断掉落的弹雨之中双手护耳、缩作一团。当爆炸声终于停息的时候，一个被吓坏了的传令兵喊道："全完了，全完了！我们只能投降了。"扬克，这位来自俄罗斯前线的23岁的老兵，试图制止碉堡里的恐慌，但随即出现的盟军坦克涉水上岸的可怕场面让他顿时哑口无言。

扬克打电话向第901炮兵团求援，但该团的大炮早已被盟军的炮弹打哑了。他又派一名士兵到第1261炮兵团处求救，但这名送信的人被盟军一架喷着火舌的战斗机中途击毙。扬克将他的士兵们集合在一起，准备用一门88毫米火炮、一座半埋在沙里的法国旧式坦克

被誉为"种子选手"的陆军中校约瑟夫·普里勒，德国空军的一名王牌飞行员，在执行了D日的一次飞行任务后在别人的搀扶下从他的伍尔夫190战斗机中走出来。他的飞机是德军能够用以迎敌的300架战斗机中的一架。而盟军向进攻地点派出的战斗机数目是5000架。

的炮塔和几架机关枪来保卫他的守区。但那门火炮，由于在之前的轰炸中被击伤，只发射了一枚炮弹就卡壳了。法国坦克炮塔的机关枪倒是打出了几发子弹，但不久就被一辆沙曼式坦克击毁了。另外一颗炮弹击中了碉堡，把扬克埋在了沙里。当他醒来时，发现一支美国来复枪的黑洞洞的枪口正对着他。

像这样的场面在犹他海滩随处可见。美军第 4 步兵师，由美国前总统的儿子、陆军准将，小西奥多 · 罗斯福和著名的拉夫 · 赖德带领，担任此次进攻的前锋。由于海峡内风急浪高，该师的登陆艇被冲到离指定的登陆地点相距 1500 码的地方，恰好这里水下障碍、地雷和炮台分布得不是很密集，因此第 7 军在几个钟头内就占领了滩头，只损失了不到 200 人。中午时分，它与第 101 空降师胜利会师。

几乎在同一时间，负责科唐坦半岛防御任务的陆军中将卡尔 – 威廉 · 冯 · 施利本正在从雷恩返回瑟堡的途中，之前他正在参加多尔曼将军安排的那堂倒霉的地图演示课。而现在多尔曼命他驾车赶到犹他海滩去加强守备。但施利本根本没有足够的兵力。第 91 空降师群龙无首，它的指挥官，威廉 · 法利将军，在夜里与美国空降兵的一次意外遭遇中被杀。而当其中两个团的人马最后真正行动起来时，他们又遭到了散落在各处的美国空降兵的伏击，而且通往海滨的路也已经被驻守在圣米尔 – 埃格利斯的美国第 82 空降师的队伍阻住了。另

1944 年 6 月 6 日，党卫队第 12 装甲师的士兵们朝着战场的方向驶去，他们在自行火炮上盖上灌木枝以避开盟军飞机。这支队伍直到当天下午 4 时才收到前进的命令，但此时要想阻止盟军的登陆已为时过晚。

外，盟军飞机的持续轰炸也使得他们根本挪不开步子。到天黑的时候，德国在犹他海滩设置的防线土崩瓦解。美国人把科唐坦半岛牢牢地掌握在了自己的手中。

与此同时，英国人和加拿大人也分别打了个漂亮仗。知道马上就要与他的老对手隆美尔相逢，陆军元帅蒙哥马利事前坚持给率先出击的 3 支英加登陆部队配备了更多的坦克，其数目远远超过美国人在奥马哈和犹他使用的坦克数量。同时他也表示更愿意使用由英国的军械专家改造过的坦克。这些坦克具有水陆两栖、扫雷和火焰喷射等功能，能够满足此次进攻的特殊需要。

威廉·里希特将军的第716步兵师负责守卫被盟军称为黄金海滩的21英里长的海岸线。由于防线过长，所以兵力很分散。而且其中的第441东方营都是由未开一枪就逃跑或投降的战俘组成，这支毫无战斗力的队伍使得德国的防线在这里张开了大嘴。由于凌晨时在盟军空军和海军的炮火夹击中已遭受重创，德国的海岸守军已无力阻挡盟军的登陆步伐。到早上8点钟，英军第50步兵师已把黄金海滩上的防御壁垒碾碎在脚下，并开始向着内陆胜利进发。

黄金海滩东侧的进攻步子没有这么顺畅，在朱诺海滩登陆的加拿大第3师和在剑滩登陆的英国第3师上岸后遇到了德军顽强反击。但不管怎样，到夜幕低垂之时，两片海滩也都落入了盟军手中。加拿大人冲破了朱诺海滩的防线到达了卡昂－拜约的公路；而英军从剑滩杀出一条血路和跨过奥恩河来到它的左翼的英军第6空降师会师。

但是快速向内陆推动的英加军队不久就尝到了背后挨冷枪的滋味。蒙哥马利承诺在D日结束之前不仅要拿下卡昂，而且要向内陆推进相当长的一段距离。因此当德军撤退后，这些英国和加拿大士兵就急匆匆地向着他们的目标前进，因而忽略了其实里希特手下的守军并没有多少人投降。这些人中有一部分是曾在俄罗斯打过仗的老兵，他们在那里学会的一招就是一旦不敌，就从战场上消失，然后潜伏在暗处，等敌人的队伍从他们身边走过之后，再探出头来从背后放冷枪。这些德国兵在这儿使出了同样的招数。在距离朱诺海滩有一定距离的圣克鲁瓦，他们打得如此顽强，以致加拿大人不得不掉转坦克去重新收复他们自认为已经占领的土地。因为英国人和加拿大人在应付德国人突如其来的反攻上花费了大量的时间，所以尽管他们使出了浑身解数还是只到了距离卡昂还有一半距离的地方。

整整一天，德国士兵们在海滩上下来回奔波、拼死抵抗，希望能够阻止盟军扎下营盘。他们诅咒连影子都见不到的德国空军，他们不时互相质询：坦克都跑到哪儿去了。事实上，早已力不从心的德国空军确实拼全力组织了一批飞机起飞，而飞行员们也以惊人勇气执行了飞行任务，但所有的这一切事后都证明只是徒劳。至于坦克则完全是另一回事。希特勒在磨蹭了几个小时之后才决定从最高统帅部的后备军中派出伦德施泰特的装甲部队，而这些装甲部队，由于距离前沿阵地有 50 ~ 150 英里之遥，再加上盟军毫不留情的狂轰滥炸，所以根本无法及时赶赴海滩——正如隆美尔之前曾经预言的那样。

如果隆美尔麾下的装甲后备师，第 21 装甲师，能够快速赶到登陆海滩，就有可能发动一场实质性的战略反击。然而，直到下午 4 点，德国装甲部队才发动了首轮反击。事实上，早在凌晨2点钟，第716步兵师的里希特将军就曾请求第21装甲师的指挥官、陆军中将埃德加·福伊希廷格将军帮助他对付英国第6空降师的伞兵。但直到早上8点，该师才离开驻地向海岸地区进发。而那时，英国的空降兵们已经成了小问题，因为英加联合部队的登陆早已带来了更大的威胁。由于英军控制了卡昂以北奥恩河上唯一的一座桥，而卡昂市内的大街小巷又被炸得塞满砖头瓦砾，因此德军坦克只能绕道而行，而且一路上还要躲避盟军战斗轰炸机的追击，当他们最终赶到战场时已临近黄昏。

在此紧要关头，马克斯将军挺身而出。他已取得最高统帅部的同意，将缺乏协作精神的福伊希廷格的第21装甲师正式并入第84军。马克斯派其中的一个连留驻空降部队所在的桥头堡，其余的则被派去加入卡昂以西的反击。在开赴战场的路上，这些坦克恰巧从里希特的身畔开过。“我的士兵都不见了，”这位将军一脸苦相地说，“我的整个师彻底完蛋了。”

当两个坦克营最终到达战场并拉开阵势准备迎敌的时候，英国人发现它们早已失去了当年在隆美尔麾下驰骋北非战场时的风采。其中一个营只有40辆IV型坦克，坦克上装备是早已过时的、射程有限的短筒火炮。另外一个营的状况更糟，60辆坦克全是从德国占领的各个国家的军火库中搜罗来的老古董。在随后的战斗中，第2营的IV型坦克有6辆不到15分钟就被打熄了火，而可悲的是这时它们根本还未进入射程范围之内，而第1营也很快失掉了10辆杂牌坦克。

当坦克营在与英军的战斗中被打得焦头烂额的时候，马克斯将军正率领着第21装甲师的第192装甲步兵团试图在英军的登陆地点之间插入一个楔子，希望随后能够派足够的兵力从盟军的两翼分头进攻并借此形成包抄之势。该团在剑滩和朱诺海滩之间突然发动袭击并于晚上8点左右穿透至海岸地区。马克斯正准备派兵增援，但恰好此时，一支庞大的英国滑翔机运输队——正按计划执行运输任务，事实上对德军的此次行动一无所知——突然俯冲而来，吓得福伊希廷格还以为它们是冲着他的坦克部队来的。于是他下令紧急撤退，德国装甲部队在D日发起的唯一战略反攻就这样以失败告终了。

数年之后，当回顾那历史性的一天时，伦德施泰特的一位作战参谋不无悲伤地说道："富有讽刺意义的是，艾森豪威尔，伟大的民主政体的仆人，被赋予了全权统帅一支由三国军队组成的武装力量的权力；而我们，生活在独裁体制下，原本以为可以千军万马随意差遣，而事实上每一支部队都在孤军奋战。"

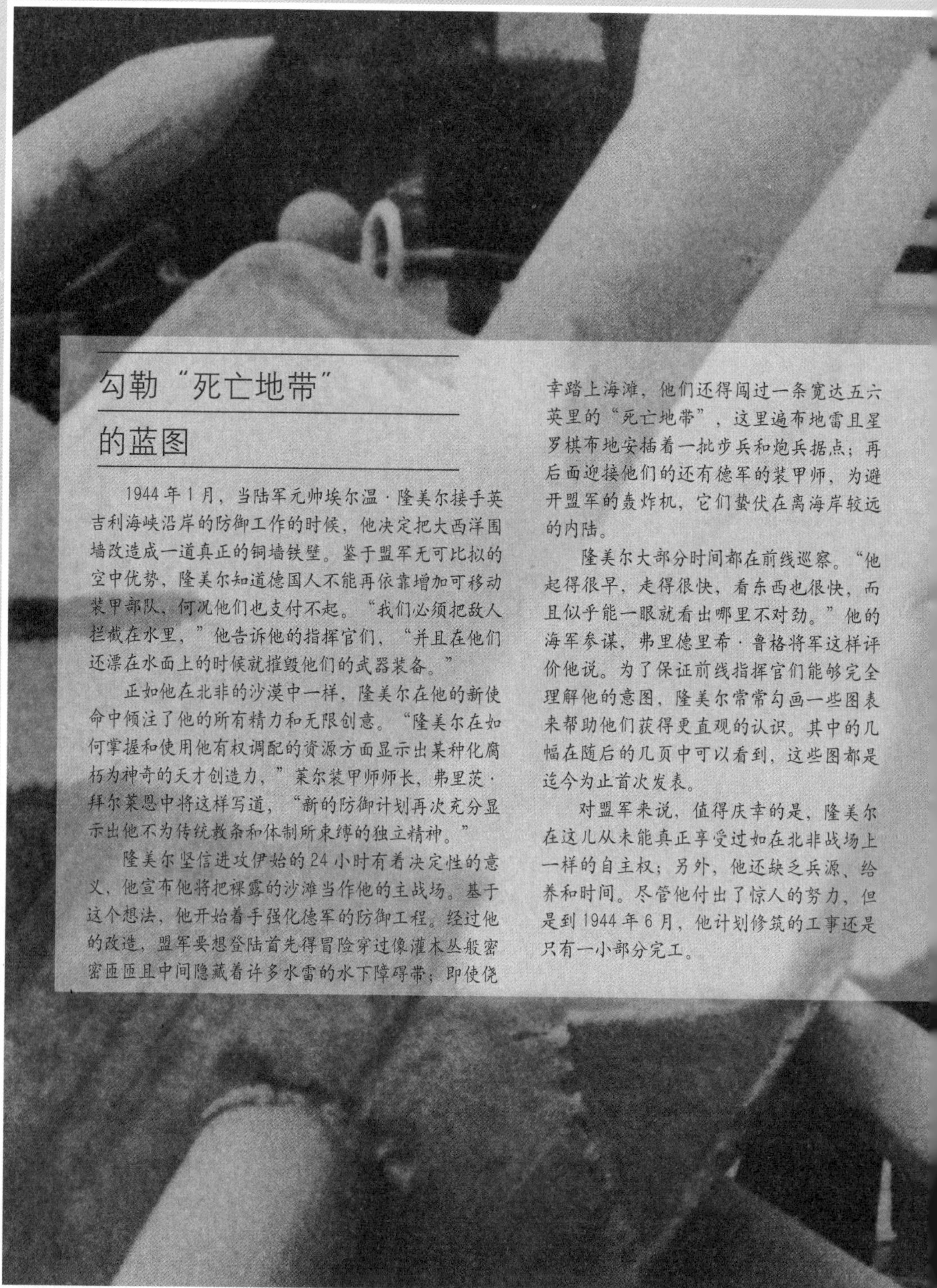

## 勾勒“死亡地带”的蓝图

1944年1月，当陆军元帅埃尔温·隆美尔接手英吉利海峡沿岸的防御工作的时候，他决定把大西洋围墙改造成一道真正的铜墙铁壁。鉴于盟军无可比拟的空中优势，隆美尔知道德国人不能再依靠增加可移动装甲部队，何况他们也支付不起。“我们必须把敌人拦截在水里，”他告诉他的指挥官们，“并且在他们还漂在水面上的时候就摧毁他们的武器装备。”

正如他在北非的沙漠中一样，隆美尔在他的新使命中倾注了他的所有精力和无限创意。“隆美尔在如何掌握和使用他有权调配的资源方面显示出某种化腐朽为神奇的天才创造力，”莱尔装甲师师长，弗里茨·拜尔莱恩中将这样写道，“新的防御计划再次充分显示出他不为传统教条和体制所束缚的独立精神。”

隆美尔坚信进攻伊始的24小时有着决定性的意义，他宣布他将把裸露的沙滩当作他的主战场。基于这个想法，他开始着手强化德军的防御工程。经过他的改造，盟军要想登陆首先得冒险穿过像灌木丛般密密匝匝且中间隐藏着许多水雷的水下障碍带；即使侥幸踏上海滩，他们还得闯过一条宽达五六英里的“死亡地带”，这里遍布地雷且星罗棋布地安插着一批步兵和炮兵据点；再后面迎接他们的还有德军的装甲师，为避开盟军的轰炸机，它们蛰伏在离海岸较远的内陆。

隆美尔大部分时间都在前线巡察。“他起得很早，走得很快，看东西也很快，而且似乎能一眼就看出哪里不对劲。”他的海军参谋，弗里德里希·鲁格将军这样评价他说。为了保证前线指挥官们能够完全理解他的意图，隆美尔常常勾画一些图表来帮助他们获得更直观的认识。其中的几幅在随后的几页中可以看到，这些图都是迄今为止首次发表。

对盟军来说，值得庆幸的是，隆美尔在这儿从未能真正享受过如在北非战场上一样的自主权；另外，他还缺乏兵源、给养和时间。尽管他付出了惊人的努力，但是到1944年6月，他计划修筑的工事还是只有一小部分完工。

陆军元帅埃尔温·隆美尔正在视察他打算用于离岸不远的水域中以阻挡盟军登陆艇的反坦克混凝路障。隆美尔的即兴创造力让他的工程专家，威廉·迈泽将军惊叹不已，他称赞元帅是“第二次世界大战中最了不起的工程师”。

下面的这张示意图是隆美尔为了解释他所设计的一种极富巧思的障碍物所画的——一个三角形的木排与一个锚系在一起，木排上装有碟式水雷。在落潮的时候，木排会悬浮在水面以下，盟军的登陆艇一旦撞上来就会引爆所有的6只水雷。在涨潮的时候，海浪会冲击木排的底部，使它的顶端沉入更深的水中，后排的水雷也会随之沉入水中，但前排的水雷会浮向水面。

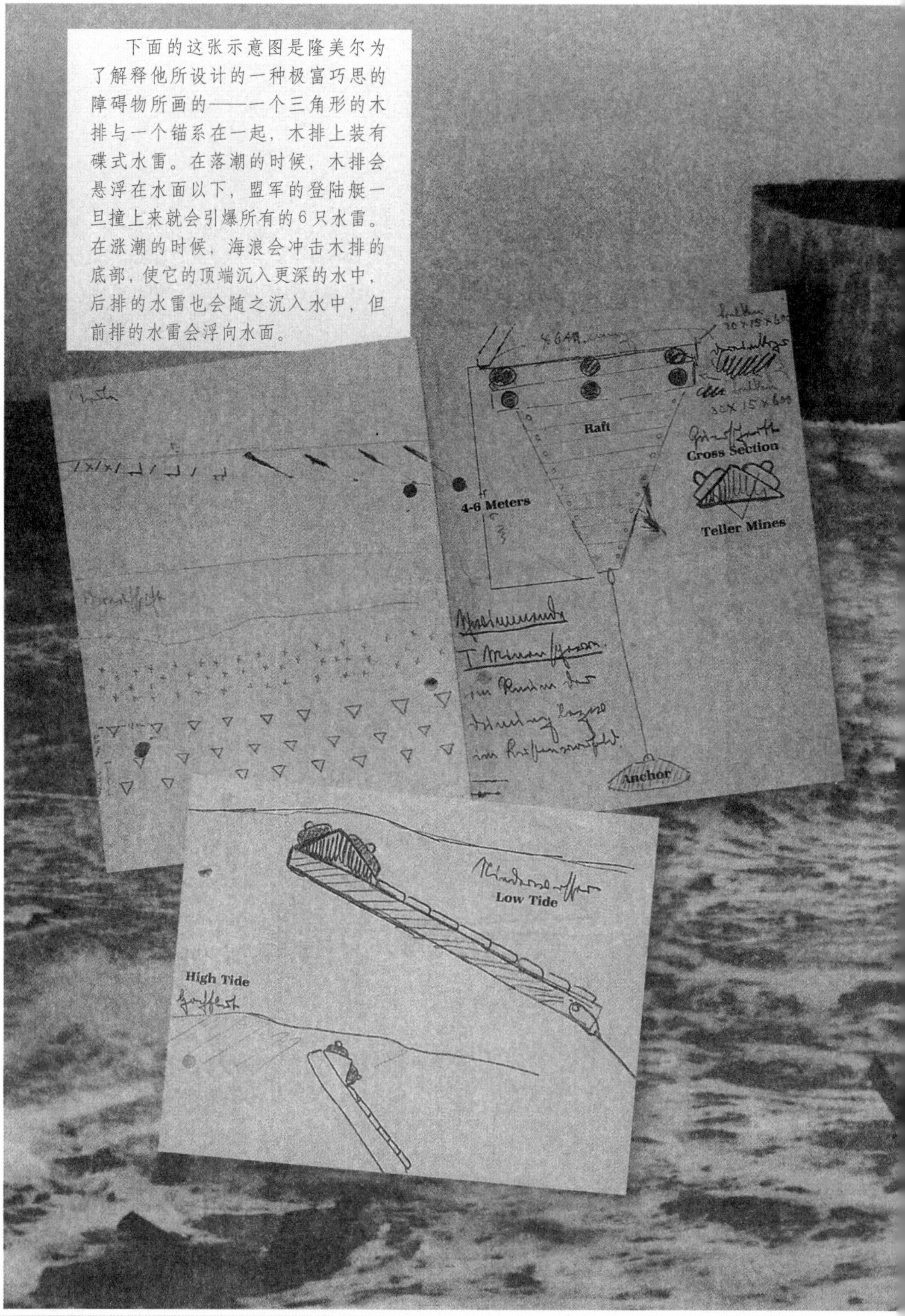

一大片被称作树篱的反坦克路障被固定在法国北部一个小村庄旁边起伏的海浪之中。它们是把钢梁弯成一定的角度然后焊接在一起制成的。

## 让进攻者望而止步的新型路障

隆美尔最重要的发明是他设计出了一种可应用于靠近海岸的水域中的新型路障，它们被安放在涨潮和落潮的水位标之间的位置，就像是水里的暗礁，可以有效地阻止甚至摧毁盟军的登陆船只。

这些新型的水下障碍将德国各个要塞区之间的空当填充了起来，使海峡沿岸最偏远的地区也有了一道保护屏。由于这些装置大多是利用缴获的盟军装备改制而成，因此它们的形状不一、大小各异。其中最简单的一种是在浅水中钉上向大海的方向倾斜的木桩，其中许多顶端系有反坦克水雷。还有四面体路障、混凝土结构的龙牙、V形陡坡、故意扳弯的金属栏，一种叫作比利时之门的反坦克路障，和其他一些可致人死命的装置。

隆美尔在水中共设置了51.7万个障碍物，其中3.1万个上缚有水雷或炮弹。他原本希望能够安装4条这样的障碍带，这样就会有两条始终隐藏在水下。但在D日之前，只有最靠近岸边的两条完工。

## 雷区中的堡垒

隆美尔的防御系统的基石是他大量使用地雷。这个主意主要源自他在北非两年的作战经验。“我们从对英军作战中获得了经验，”他写道，“中间散布碉堡的大面积雷区是极难攻克的。”因此，隆美尔把他的兵力集中布置在这样的防御带后面。尽管是由装备很差的老弱残兵负责把守，但由于背后有坦克和大炮撑腰，这些不起眼的小碉堡隐藏着巨大的威慑力。“只要敌人胆敢踏上海岸一步，”他写道，“雷区中的任何一座堡垒都会让他吃尽苦头。”隆美尔计划按照每码10枚的密度铺设两条约1000码宽的地雷带：一条紧靠海岸线，另一条位于距离海岸五六英里处的后防线。实现这一计划大约需要2000万枚地雷。在这两片雷区之间的空当，他还想铺设1800万枚左右，不过由于时间有限、地雷短缺且运输困难，这几乎是一个不可能完成的目标。为了能够增加供雷量，隆美尔在当地组建了造雷厂、补给站和军械库，回收旧炮弹重新加以利用。在D日前的四个半月中，德国人在海峡沿岸共铺设了约410万枚地雷。

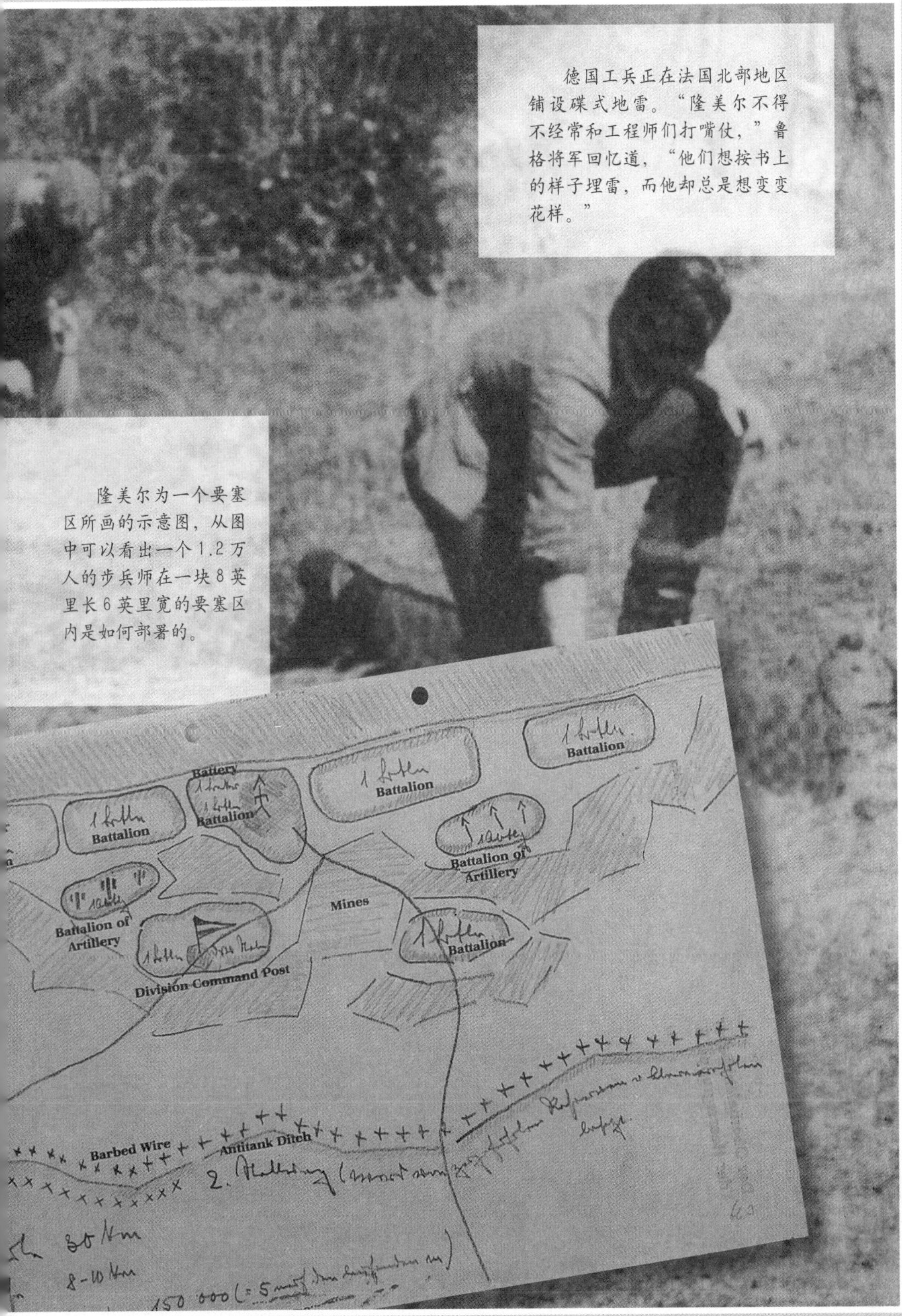


德国工兵正在法国北部地区铺设碟式地雷。“隆美尔不得不经常和工程师们打嘴仗，”鲁格将军回忆道，“他们想按书上的样子埋雷，而他却总是想变变花样。”

隆美尔为一个要塞区所画的示意图，从图中可以看出一个1.2万人的步兵师在一块8英里长6英里宽的要塞区内是如何部署的。

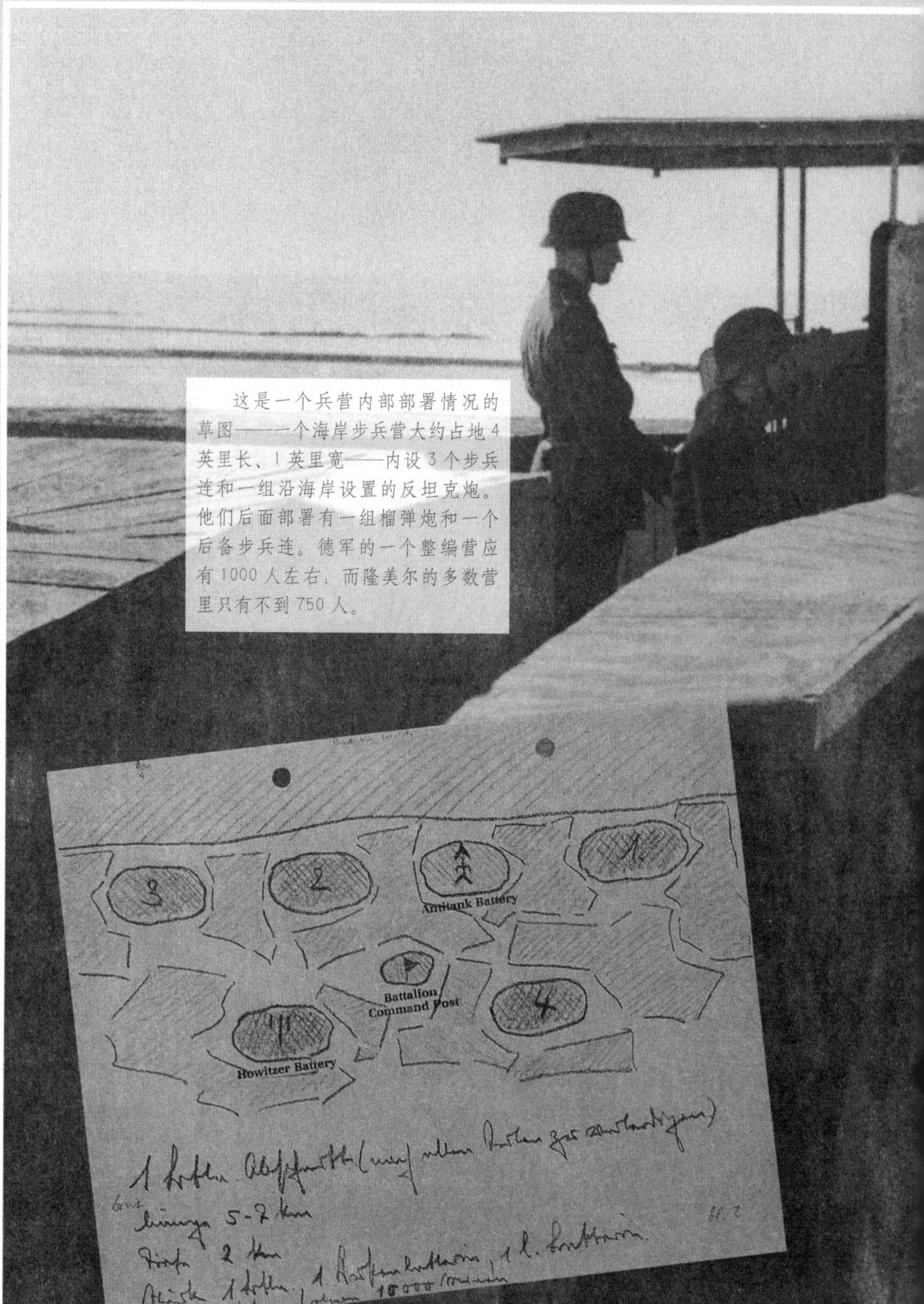


这是一个兵营内部部署情况的草图——一个海岸步兵营大约占地4英里长、1英里宽——内设3个步兵连和一组沿海岸设置的反坦克炮。他们后面部署有一组榴弹炮和一个后备步兵连。德军的一个整编营应有1000人左右；而隆美尔的多数营里只有不到750人。

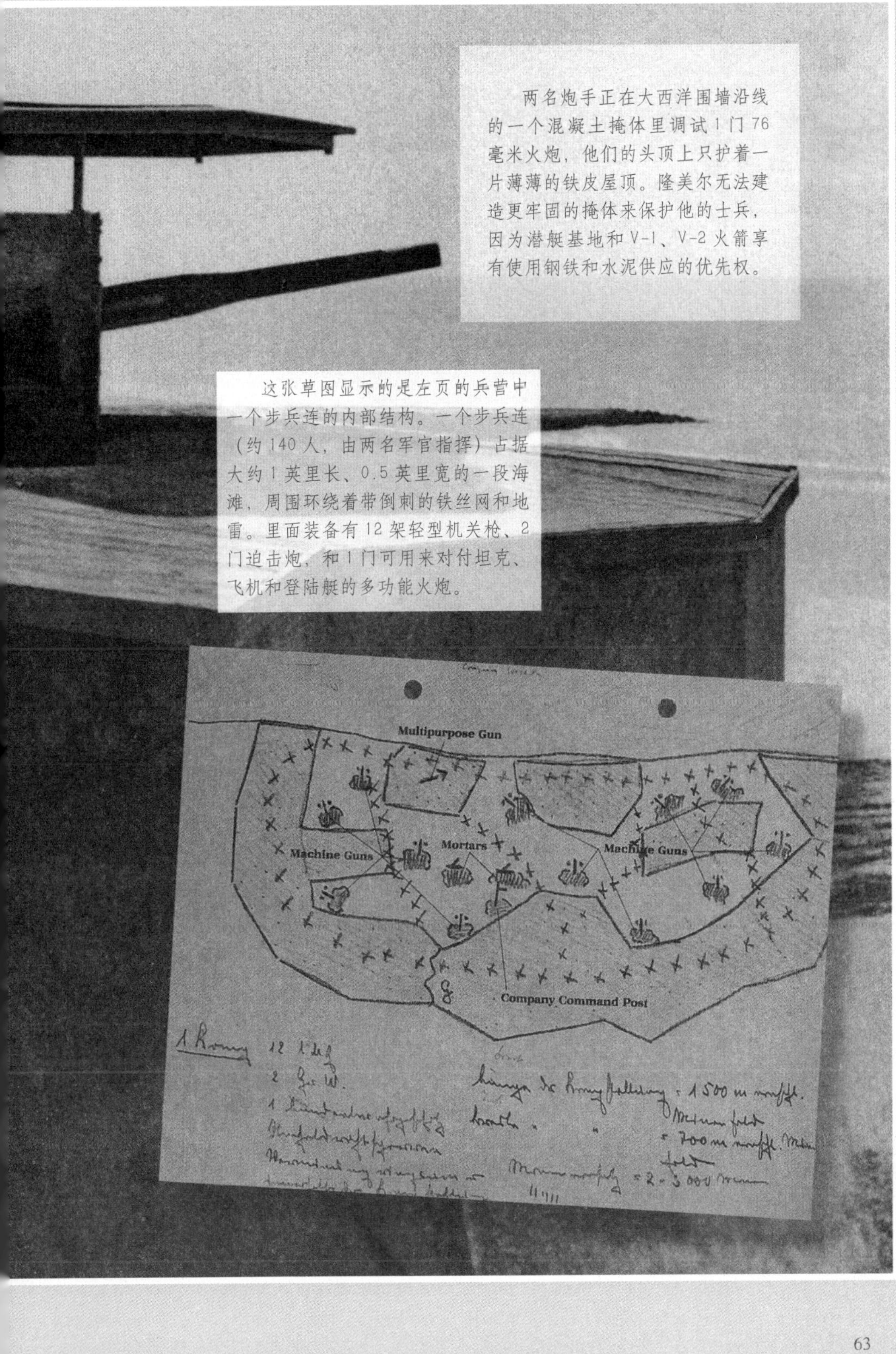


两名炮手正在大西洋围墙沿线的一个混凝土掩体里调试1门76毫米火炮，他们的头顶上只护着一片薄薄的铁皮屋顶。隆美尔无法建造更牢固的掩体来保护他的士兵，因为潜艇基地和V-1、V-2火箭享有使用钢铁和水泥供应的优先权。

这张草图显示的是左页的兵营中一个步兵连的内部结构。一个步兵连（约140人，由两名军官指挥）占据大约1英里长、0.5英里宽的一段海滩，周围环绕着带倒刺的铁丝网和地雷。里面装备有12架轻型机关枪、2门迫击炮，和1门可用来对付坦克、飞机和登陆艇的多功能火炮。

# 2. 滩头争夺战

D日次日凌晨，陆军元帅埃尔温·隆美尔把将盟军赶回海里去的全部希望都寄托在了他钟爱的装甲兵身上。1940 年，就是在这诺曼底的大道上，这些快速有力、由训练有素的德国士兵驾驶的装甲车为他赢得了战争的桂冠；它们也曾帮助他在北非的战场上赢得了“沙漠之狐”的美誉。而现在，在 6 月 7 日，当他在不同的守备区中间往来奔走——除了有时不得不卧倒以躲避盟军飞机丢下的炸弹和机关枪的火舌，他一直马不停蹄——期望能够把在他不在的前一天里被盟军的进攻打得七零八落的队伍重新集合起来的时候，他认为只有这些装甲车才有希望碾碎盟军占领的滩头据点。

身背沉重的弹药箱，党卫队第 12 装甲师的一个机关枪小组的成员正准备投入战斗。由于被灌输了这场战争是“为了德意志民族的生存”而战的思想，这些十几岁的少年开赴诺曼底前线接受战火的洗礼。

隆美尔对盟军占领滩头据点之后下一步的进攻目标十分清楚。他在战火中历练出的敏锐直觉，加上从被俘军官身上搜来的文件，都告诉他盟军下一步进攻的目标分别位于前沿阵地的两端。在他的最左边，美国人将试图围绕卡朗唐城将两个彼此分离的滩头阵地连成一片，并以此为支点向北深入科唐坦半岛，然后向瑟堡港推进，正像隆美尔自己在 1940 年曾经做过的那样。在他的最右边，英加联军将向着南部古老的大学城卡昂重拳出击，该城是重要的公路和铁路枢纽，自此向东南方行进 120 英里就可到达巴黎。

隆美尔决定针对不同的地形条件制订不同的防御计划。在西侧地区，他打算利用当地法国人围绕着小块小块的农田密植的灌木篱墙作为路障来阻碍美国人前进的速度。然而在东侧地区，灌木篱墙不是那么密集，而且在卡昂以南和以东地区，地形逐渐开阔，放眼望去是一片轻微起伏的丘陵低地，而这对于准备挺进法国腹地以切断德军后路的英国装甲部队来说正是最为有利的地形。

德国人错失了对进攻者及早发动反击的机会。6 月 6 日晨，陆军元帅格尔德 · 冯 · 伦德施泰特从设在巴黎的西部战区总指挥部下达命令，命令装甲后备部队——党卫队第 12 装甲师和莱尔装甲师向前线推进，与驻扎在卡昂附近的第 21 装甲师会合，然后在该城的北面，也就是英加两军的空当处组织一场反攻。然而这些命令还未被执行就被取消了。原因是最高统帅部参谋长阿尔弗雷德 · 约德尔将军害怕诺曼底登陆只是一场佯攻，而真正的进攻会在别的地方打响。

伦德施泰特属下的隆美尔将军也铤而走险请求派兵，但同样徒劳无益。希特勒直到下午过半时才同意启用后备军，而那时盟军早已建立并巩固了滩头阵地。隆美尔的装甲师白白损失了宝贵的时间。当他于 6 月 6 日傍晚从德国赶回时，他所做的只能是尽快组织一场反击以挽救由于拖延而造成的被动局面。

德军的装甲后备部队中最强悍的一支是莱尔装甲师。该师由装甲兵训练学校中的示范单位组成，是特为抵抗法国军队的入侵成立的。当时是德军装甲部队中唯一的整编师。配备有 149 辆坦克和攻击型火炮，612 辆装甲运兵车、自行火炮和其他履带式运载工具。该师师长，弗里茨 · 拜尔莱恩中将，曾是隆美尔非洲军团的参谋长。其他的许多官兵也曾在北非和俄国战场上服过役。拜尔莱恩不无骄傲地回想起德国顶级坦克战略家海因茨 · 古德里安将军在 4 月份跟他说过的话："只消用这一个师，你就能把盎格鲁 – 美利坚人统统扔回到海里去。"

但问题是莱尔装甲师在大展神威之前必须先到达战场。已习惯于在俄罗斯的原野上往来驰骋，而且根本不用担心空袭的古德里安，万万没有想到在西线会遇到如此声势骇人的空中打击。D 日下午 5 点钟，莱尔装甲师从它位于勒芒附近的后备军基地出发，朝着 130 英里以外的前沿阵地驶去。不久，它的 5 路纵队就分别遭到了盟军飞机的猛烈夹击。火光冲天，一直到午夜时分四野还亮如白昼。按照一位德国军官的描述，英美两国的战斗轰炸机把莱尔所到之处改造成了"女巫的火炉"。大小桥梁被炸毁，十字路口被炸得坑坑洼洼，沿途村庄被付之一炬，站在敞篷式半履带装甲车上的投掷手榴弹的士兵们被炸得血肉横飞。盟军飞机朝着德国坦克疯狂

1944年6月8日，来自党卫队第12装甲师的一支纵队驶过法国的一个市镇，向着卡昂以西加拿大第3步兵师的驻地驶去。他们的目标是向盟军发动突袭，把他们赶回到海里去。

地丢炸弹，使它们不得不尽量躲在伪装后面沿着树林的边缘地带艰难前行。

这场大轰炸使得莱尔装甲师还未上战场就损失了130辆军用卡车、5辆坦克和84辆其他类型的履带式装甲车。更可怕的该师师长险些在这场空袭中丧生。当时一枚20毫米的炸弹击中了他的宝马军用车，司机当场毙命，车子被炸成了一个焦黑扭曲的空壳，而拜尔莱恩本人由于及时跳进了一条沟里才得以幸免。抬头望天，只见盟军飞机满天飞，德国飞机却连影子也看不到，于是莱尔装甲师的士兵们心灰意冷地开起了玩笑："看来美英飞机涂的是闪亮的银漆，而德国飞机涂的是一种特殊的隐形涂料。"

直到6月7日下午，莱尔装甲师的先头部队才跌跌撞撞地赶到了前线阵地，但这时隆美尔将军制定的反攻计划实际上已经不可能付诸实施了。至于另外两个装甲师，第21装甲师和党卫队第12装甲师，前者经过D日的洗礼只剩下了70辆坦克，而后者在从利雪驻地赶赴65英里外的战场的途中和莱尔装甲师一样遭到了盟国空军的袭击，最后只有一支纵队抵达前线，而且大大超出了预定时间。

不过已经赶到的那支前锋队，已在卡昂以西就位并为一场突袭做好了准备。第21师以其成员大多来自希特勒青年团而闻名。他们的平均年龄刚刚超过18岁，虽然没什么实战经验，但都是誓死效忠元首、自愿参战的狂热分子。

这支先锋队当时主要由一个装备有IV型坦克的坦克营和3个步兵营组成，指挥官是党卫队上校库尔特·迈尔。由于他是个驾驶坦克的好手而且作风蛮横霸道，所以赢得了“坦克”的雅号。迈尔是一个狂热的纳粹分子

党卫队中校马克斯·温舍，第12装甲团团长，正骑着一辆摩托车驶向德国的战地医疗救治中心，他的头部因被弹片击伤而裹着绷带。坐在他旁边的摩托车跨斗里的是鲁道夫·冯·里宾特洛甫中尉，当时的纳粹外交部部长的儿子，他的手臂在一次轰炸中受伤。

6 月 10 日，莱尔装甲师豹式坦克营的一个连的人马正在泰西附近的一片田野里原地待命。这种 50 吨重的豹式坦克威力非常强大，以致盟军需要用 4 辆或 5 辆克伦威尔或沙曼式坦克才能摧毁其中的一辆。

和一个经验丰富的老兵。他曾在俄罗斯战场待过 3 年，在那儿他养成了坐在一辆摩托车上带领士兵冲锋陷阵的习惯。由于盟军飞机总是进攻他的燃料运输卡车，所以这天下午他正组织一队小巧且操作容易的轻型吉普车，来运送这些因原材料短缺而不得不放在劣质储油罐里的珍贵液体。

迈尔夸口说他手下的这些狂热的年轻人完全可以让英国人滚回去，而且他正在寻找最佳位置以便能够观察盟军的动向。他在位于卡昂西郊阿登修道院的一个炮

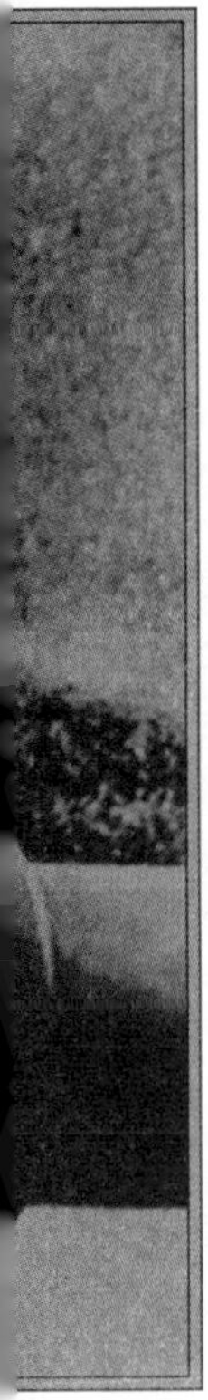

塔中找到了满意的角度。从那儿，他可以看到加拿大第3步兵师的沙曼式坦克正向着卡昂以西几英里处的飞机场的方向驶来。通过他的战地电话，迈尔组织了一场伏击。这支由新手组成的队伍静静地埋伏在加拿大装甲部队侧翼一片开阔地的树篱背后，一直到领头的几辆坦克开进了距离他们不到200码的位置，这时，迈尔一声令下，他手下的反坦克炮手们开火了，坦克纵队冲锋向前，手榴弹手向着盟军的步兵队伍一阵猛投。德国人把炮弹打在沙曼式坦克装甲较薄的侧面，使得这36吨重的庞然大物顿时成了一摊烂泥。几分钟之内，年轻的炮手们就击毁了28辆沙曼式坦克。在盟军的炮兵部队和海军

弗里茨·维特将军，党卫队第12装甲师的师长，正在与他属下的两名团级指挥官，党卫队上校库尔特·迈尔（左）和党卫队中校马克斯·温舍（右）交流意见。6月16日，维特死于盟军战舰的炮火之下，迈尔继任，成为该师师长。

舰艇双管齐下使得他们被迫停火之前，迈尔的人马将一头雾水的加拿大人击退了 2 英里远。

这些小范围内的激战预示着在未来的几周里，希特勒青年团团员们渴望投身战斗的热情将不会衰减。在诺曼底及其周边地区，他们作战是如此英勇以致该师最后伤亡人数竟高达 90%，同时他们也由于枪杀战俘而臭名昭著——这显然违反了包括德国人在内的全世界军人都应遵守的战场规则。而迈尔自己，将被授予党卫队第 12 装甲师的师长之职。是年他 33 岁，是德国军队中最年轻的师长。不过尽管初次出击便取得了如此骄人的成绩，当晚返回营地后，还是有不少年轻的士兵出于挫败感而流下了热泪，因为他们事实上并未能够实现诺言把盟军赶回到海里去。

在以后的几天里，盟军逐步巩固和扩大了他们的滩头阵地。在德国防御区的中心位置，美国人冲破了第 352 步兵师的防线，该师在之前的奥马哈海滩守卫战中表现得十分顽强。美国第 5 军的部分人马拿下了伊西尼并向着卡朗唐市进发，另外的一部分人则在中心战区的贝桑港与英军会师并向南插入科蒙。英军在德国人的右翼遭遇了更加猛烈的反击，但最终还是攻克了距离海岸 5 英里处的拜约，然后向东南方继续推进至卡昂以西地区。

6 月 8 日，隆美尔再次将他的装甲部队集结起来，试图在他的左翼发起一次进攻以阻击英国人的进攻并向

一个德国士兵在保卫拜约的一场近距离作战中正准备抛出一枚手榴弹，拜约小城位于英吉利海峡以南5英里处。1944年6月7日，它将成为被盟军解放的第一座稍具规模的法国城市。

海岸方向杀出一条通道。他计划让手下的3个装甲师朝北向拜约与卡昂之间的地区发动进攻。但这次进攻最后又不得不推迟了。因为刚刚接管装甲西部集群的利奥·盖尔·冯·施韦彭贝格将军还正在筹建他的指挥部。当他们最后终于踏上征途的时候，却正好与英军主力装甲部队迎面撞上并随即陷入盟军海上舰艇的猛烈炮火之中。

6月10日，盟军展现出的空中优势让德国人彻底打消了利用装甲部队发动反攻的计划。隆美尔在前往盖尔的指挥部商谈反攻计划的路上，至少有30次不得不跳下车来寻找掩体。然后，在隆美尔离开几个小时之后，英国的台风战斗轰炸机和米切尔中型轰炸机就袭击了盖尔的指挥部。在此之前，盟军通过窃听无线电波和空中勘察确定它的位置就在卡昂以南12英里处的一个农场里。盟军侦察机的飞行员很容易就发现了这个目标。因为盖尔将军——这个从俄国战场回来的沙场老将，由于从来没有领教过盟军的空中威力，所以居然粗心到没有对指挥部加添任何防护和伪装。盖尔侥幸逃脱，受了一点轻伤，但他的司令部被炸成了一片废墟，而且他的作战参谋们也多数阵亡。

隆美尔现在决定易攻为守，并把防御重点放在了东部。在第一周的周末，他已在科蒙和卡昂之间布下

两名士兵卧倒在科唐坦半岛上一段残缺不全的围墙后面，埋下头以避开炸弹爆炸后腾起的气浪。德国人的顽强抵抗使得该地区的战事比美国指挥官们预计的要多出好几天。

了 520 辆坦克以抵御英军的进攻，而在西面，他只部署了 70 辆。但由于在滩头争夺战中的失利和步兵人手的严重短缺，他不得不见缝插针地将他的坦克部署在各个防御区之间的空当里，以备敌人冲破这条现在已延长为 50 英里的防线。莱尔装甲师的装甲运兵车被保护在防线以后；装甲步兵和坦克兵们，不再蜂拥而上迎击敌人，而是静静地守卫在卡昂以西遍布树篱的 10 英里长的防线上。

对于骄傲的装甲兵来说，这可是一种全新的战斗体验。他们的装甲车和坦克成了带轮子的要塞，隐藏在树篱丛中和被牛群及马车压得坑坑洼洼的乡间土路上。这些树篱原本是为了界定田产和保护庄稼不受海风侵袭而筑建的，在大约 3 ~ 4 英尺厚、3 ~ 4 英尺宽的土堰上，种着密密匝匝的树和灌木，由于树木盘根错节，所以显得格外坚实。试图冲过这些树篱的盟军坦克往往肚皮朝上翻倒在地，而其装甲最薄的底盘部分一旦暴露，就很容易成为埋伏在附近的德军坦克和穿插其间的装甲步兵们的袭击目标——德国守军所使用的武器五花八门，从手提式的反坦克发射器到两用 88 毫米高射炮和反坦克炮，不一而足。

在这场新型的装甲战的范围之内，规模不大但惨烈异常的战役不断发生，以致隆美尔把它描述为“一次可怕的大放血”。其中最为惊心动魄的应该说是 6 月 13 日一役。当时距登陆日已过了一个星期，隆美尔也已于3天前放弃了组织装甲部队发动反攻的计划，而位于英美军队会合处对面的德军防线刚刚被冲开了一个缺口。在缺口的左边，隆美尔的军队正竭尽全力迎击美国第5军，该军已向内陆推进了17英里并已占领了位于卡昂西南部20英里处的高地上的科蒙。在缺口的右边，莱尔装甲师的西翼正驻扎在瑟勒河上的泰西村附近原地待命。

像一把尖刀一样插入这个缺口的是作为先头部队的英国第7装甲师，也就是著名的“沙漠老鼠”，他们曾在北非战场上神出鬼没，让隆美尔头疼不已。该军的坦克纵队和摩托化步兵师横扫他们在北非的宿敌弗里茨·拜尔莱恩，并开进了维莱博卡日，一个位于卡昂西南15英里和科蒙以东6英里一个交叉路口处的村子。这些“沙漠老鼠”现在正集结在莱尔装甲师左翼部队驻地泰西村背后约6英里处，并准备向东北方的卡昂行驶，并将德国的装甲部队装入包围圈。

然而在上午早些时候，英军的动向却被党卫队中尉米夏埃尔·维特曼，德军一个虎式坦克连的连长发现了。维特曼所属的党卫队第101重型坦克营在此之前刚刚从巴黎近郊转移至此，一路上由于空袭步履维艰。维特曼是德军坦克部队里的风云人物。在俄国前线，他至少摧毁了117辆坦克并赢得了让人称羡不已的栎叶骑士十字勋章。当时他正在侦察维莱博卡日东北部高地，结果发现一队英军的克伦威尔坦克和半履带式装甲

# 维特曼中尉的一人战争

党卫队中尉米夏埃尔·维特曼向人们展示他在击毁了117辆苏联坦克之后赢得的栎叶骑士十字勋章。其后在诺曼底，维特曼因在抗击英军的战役中战绩骄人再次荣获十字勋章。

1944年6月13日，米夏埃尔·维特曼中尉，党卫队第101重型坦克营的一名30岁的连级指挥官，站在他的虎式坦克的炮塔中透过望远镜向卡昂西南部的原野望去，一支英国装甲纵队正沿着公路从邻近的维莱博卡日方向开来。当领头的坦克向前开动以侦察地形的时候，跟在后面的摩托化步兵连便守候在路旁。

“瞧他们的做派，就像他们已经赢得了这场战争似的。”维特曼的炮手咆哮道，他显然被敌人那种漫不经心的态度激怒了。“我们会给他们一个教训的。”维特曼气定神闲地说。兵贵神速。维特曼通过对话机下令对盟军的坦克连发动突袭，然后指示架车手将他的那辆虎式坦克开进一个可以俯瞰那条公路的小树丛里并调整到射击位置。直觉告诉他这正是大开杀戒的天赐良机，于是他开动88毫米火炮，在转瞬之间就将英军领头的那辆半履带式装甲车打成一摊烂泥堵在了公路的中间。

维特曼的虎式坦克不久就将被困的英军纵队斩成了几段，并在近距离直射范围之内随心所欲地向他们开炮。不到10分钟，他就已经摧毁了许多辆坦克。

但德国人并不愿就此收手。当其他几辆坦克赶过来押解战俘的时候，维特曼将它们中间的几辆组织起来并向维莱博卡日方向发起了进攻。英国步兵正在那里守候着他们。在随后发生的激战中，一枚反坦克炮弹击飞了维特曼的虎式坦克的履带，但维特曼毫无惧色，他继续开炮，直到射程之内的所有目标都毁坏殆尽。然后，他跳下坦克靠双腿跑回了营地——但不久就带着15辆坦克重返火线继续战斗。是日晚，维特曼赢得了击毁英国坦克25辆和其他各类军车28辆的战绩。

鉴于维特曼在战场上的英勇事迹，他的骑士勋章被加佩剑饰以资鼓励，德国军中得此殊荣的可说是寥寥无几。而维特曼本人也被晋升为上尉。但维特曼几乎没有时间享受他的鲜花和桂冠。8周以后，他迎来了和死于他的炮火之下的无数牺牲品们一样的命运，在卡昂以南的一场坦克战中丧生。

被击毁的英国第4伦敦郡自耕农兵团的半履带式装甲车支离破碎地躺在维莱博卡日的入口处。

被维特曼的坦克射杀的英国士兵的尸体躺在通往维莱博卡日的公路旁的沟渠里。

战斗结束之后，维特曼手下被击中且烧成一副空壳的虎式坦克陷在维莱博卡日的砖头瓦砾之中。只要有可能，英国士兵总是把被遗弃的坦克付之一炬，以避免德国人废物利用。

车正驶离该村。

维特曼的虎式坦克重达 63 吨，炮塔上的钢甲厚达 4 英寸，装备的火炮也威力无比，射出的炮弹可以击穿 1000 码以内的钢板。知道克伦威尔 75 毫米的火炮奈何不了自己，维特曼率部向着近距离平射区冲杀而去。

他的第一批炮弹就把英国的坦克纵队打得缩在原地不敢动弹。在这一天的其余时间里，一辆接一辆克伦威尔坦克被打得稀烂。下午，又有一批德国坦克加入了维特曼的阵营，他们在维莱博卡日制造了一场大灾难。是日晚，从莱尔装甲师和党卫队第 2 装甲师赶来围堵莱尔驻地以西缺口的盟军步兵部队，更是为胜利提供了保障，他们成功地把“沙漠老鼠”从村子里赶了出去。维特曼带领着他的装甲兵在几乎是孤军奋战的情况下挫败了英军包围莱尔装甲师的计划，同时也粉碎了盟军想要打破卡昂周围日益形成的对峙局面的希望。

在防线的最左端，隆美尔阻止盟军进攻的步子更是显得仓促和凌乱。美军的第一个重要目标是卡朗唐城，该城是通向战略港口城市瑟堡的必经之地，而且是来自犹他和奥马哈海滩的军队会合的最佳位置。整整 4 天，来自双方空降部队的精锐力量在树篱和卡朗唐周围的沼泽之中展开激战，而且战事不断升级。来自美军第 101 空降师的力量从北部和东部两个方向，对早已伤痕累累、精疲力竭的德军第 6 伞兵团实行夹击。该团由在 1941 年德国入侵克里特的战役中屡立奇功的英雄人物弗里德

几名头戴醒目的碗状头盔的德国第6伞兵团的士兵正在卡朗唐附近的一个谷仓里照料一位受伤的战友。其他一些是党卫队装甲步兵师的士兵，他们在战场上与这些伞兵们并肩作战。

里希－奥古斯特·冯·德·海特中校指挥。

尽管树篱为德军提供了极佳的掩护，且把每一块农田都变成了一块独立的小阵地，但海特手下的伞兵们不久就发现要想守住他们的阵地实际根本是不可能的。他们人员严重短缺——有一个营的700个人居然只剩下25人——他们还缺少弹药，更不要说Ju52运输机每次投下的那点儿可怜的供给了。答应前来的救援部队由于遭到盟军的空中拦截而变得遥不可及。6月11日夜，在已经攻入该城的盟军和来自海上舰艇的炮火的强大压力下，海特决定违命撤离卡朗唐城——这是一个他经过慎重考虑之后做出的决定，尽管这样一个决定极有可能将他过去军旅生涯中的骄人战绩一笔勾销并将他送上军事法庭。

他的撤退使美国第5军和第7军得以胜利会师并在这里建立了一个60英里、长10英里宽的战略桥头堡。而且他的撤退也间接地使得德国人损失了一位最杰出的指挥官。6月12日，曾经策划了入侵苏联行动并在俄罗斯战场失去了一条腿的埃里希·马克斯将军，出发前往调查卡朗唐城陷落之事。途中一架盟军飞机突然向他的军用车俯冲下来，接着是机关枪的一阵扫射。马克斯因为只能靠着一条木制假腿蹒跚跛行，所以未能及时找到掩体以致当场中弹身亡。当天以及随后的第二天，党卫队第17装甲步兵师发动了夺回卡朗唐城的反攻，但此举显然已经太迟了，美军已把该城的控制权牢牢地掌握在了自己的手中。

美军占领卡朗唐城为此后大举进攻瑟堡扫平了道路，也使隆美尔陷入了两难的境地。该不该削减卡昂防线的兵力以调兵增援目前濒危的西翼防线呢？在进攻之前，希特勒就曾表示过他认为失去一座重要的港口城市会给欧洲要塞的安全带来极大的威胁。但隆美尔认为应该把主力部队放在卡昂以抗击英军。面对困境他最后决定，科唐坦半岛上的军队，包括3个师的残余力量和唯一的增援部队——即新近赶来的第77步兵师，只能在没有外援的情况下全力奋战了。

美军于6月14日从卡朗唐城以北8英里处的圣米尔－埃格利斯向瑟堡发起了猛攻。此次进攻美军投入了两个师的兵力，他们希望能够向西推进并将科唐坦半岛从它 28 英里宽的基部齐根砍掉。在美军第 7 军军长劳顿 · 柯林斯中将严厉的催逼之下——这位将军因为在太平洋战场上表现出来的干劲和速度赢得了“闪电乔”的诨号——美军在 3 日内就迅速推进了一半以上的距离，这使德国将领们大为震惊，依照他们以前对美作战的经验，美国人在深思熟虑之前是不会采取任何行动的。

6 月 17 日，希特勒来到法国和他的两名最高指挥官举行了自进攻开始以来的首次会晤。这次会议是在隆美尔和他的上司——格尔德 · 冯 · 伦德施泰特的强烈要求下召开的，他们希望通过这次会议能让元首张开眼睛看看前线正在发生的种种问题。不无讽刺意义的是，会议地点恰巧选在诺曼底战场以东 150 英里处苏瓦松附近的一组设计精巧的多功能防弹地堡里。这组地堡是希特勒在1940年德国正处于胜利的巅峰的时候命人修造的，准备用作实施进攻英国计划的战地司令部，当然这一进攻计划并未实现。手指神经质地拨弄着标图用的彩色铅笔，元首断然拒绝了两位元帅要求自由采取行动的权利。坚决不许撤退，即使是出于战略战术上的考虑也不许后撤一步。他坚持死守的信条——“不成功则成仁”——并且下令说：“不论花多大代价也必须守住瑟堡。”

为了给他的司令官们打气，他谈起了最新研制的超级武器，其中包括在 5 天前首次试飞并以伦敦为攻击目标的 V-1 飞弹。负责这些所谓的“复仇武器”研制

1944年6月17日，希特勒来到法国东北部战场，在其随从及陆军元帅埃尔温·隆美尔和格尔德·冯·伦德施泰特的陪同下，他们正步行前往会议地点。此次会议是在隆美尔和伦德施泰特的一再要求下召开的，其目的是为了能够让元首了解到前线军队所面临的困境。

的埃里克·海涅曼将军当时在场，于是隆美尔和伦德施泰特提议他动用飞弹来袭击盟军在诺曼底的滩头阵地。但海涅曼回答这是不可能的。由于导航系统的精度还不是很高，所以V-1飞弹还不能用以攻击具体的战术目标；其偏差范围一般为12英里，因此很可能会落在自己人的头上。

这种可能性不久就得到了证实。隆美尔和伦德施泰特力劝希特勒第二天亲临前敌指挥部视察。他们特别

指出英国首相温斯顿·丘吉尔就曾于几天前亲临滩头阵地视察。希特勒平时很喜欢炫耀他在第一次世界大战中的经验，那么两位元帅自然认为，元首本人的出现，不仅会极大地鼓舞德国士兵的士气，而且也会使元首对他们在前线面临的艰难处境有一些亲身体验。希特勒表示愿意前往，但当两位前线指挥官刚刚离开不久，就有一枚 V-1 飞弹在飞赴伦敦的途中偏离了轨道，打了一个 U 型的回旋后径直落在了希特勒所在的地堡上。所幸这组地堡的水泥护墙厚达 22 英尺，元首才没有受伤。但是第二天一早他就急忙赶回了德国，前线视察之事就此告吹。

事实上即使不出此意外，希特勒也不可能前往慰问科唐坦半岛上的驻军了。6 月 18 日凌晨，美国第 7 军胜利到达海滨胜地巴讷维尔附近的大西洋海岸，从而沿半岛基部打开了一条通道，彻底切断了岛上德国驻军的后路。他们现在已无法与主力部队第 84 军取得联系，成了典型的瓮中之鳖。

被围困在半岛上的德国军队中的一支，是新近调来的第 77 步兵师，这是一支一流的战斗队伍。隆美尔在 4 天前就预见到美军的企图并试图把第 77 步兵师从被围的险境中解救出来。他下令该师从南部突围，但这条命令正好与希特勒的意愿相违背，元首于是宣布取消隆美尔的命令并下令该师死守阵地，但时隔不久他又推翻了自己的决定。

这种分歧导致的混乱使得第 77 师险些全军覆没。接到陆军司令部的命令之后，尽管为时已晚，但鲁道夫 · 施特格曼少将还是立即采取了行动。6 月 18 日晨，他率领该师各部向南移动试图穿越美军已打开的通道。但此举未获成功，施特格曼本人在盟军战斗轰炸机的扫射下丧生——这是进攻以来德军在战场上牺牲的第四位将军。

鲁道夫 · 巴切尔上校临危受命，在第二天夜里带领 1500 名士兵从巴讷维尔东边悄悄地穿越了美军的防线。6 月 19 日下午，他们转移到了位于巴讷维尔东南 5 英里处的地方，正当他为虎口脱险而暗自庆幸的时候，忽然发现前方的奥兰德河上横着由盟军防守的一座桥。他命令士兵们子弹上膛，然后在一架轻型机关枪的掩护下，向桥上守军发起猛攻并拿下了这座桥。带着 100 名战俘和 12 辆缴获的吉普车，这些第 77 军的幸存者们侥幸地跨过了自己的防线。

与此同时，在打开的通道的北端，第 77 军被围困的战友们正承担着拖延美军进攻瑟堡的任务，尽管其有用与否大可怀疑。德军在半岛上的指挥官，卡尔 – 威廉 · 冯 · 施利本中将，手下可以调配的除了第 709 师的残部之外，还有其他两个师的一些零散力量和在 1940 年战役中从法军手中缴获的一批老掉牙的坦克。而美军的阵容是整编重组后正准备挥师北上的第 7 军的 3 个师。同时，新近启用的美国第 8 军已把半岛的后防线牢牢封锁了起来，以防止德军从南面发动突袭。在几天的负隅顽抗之后，施利本临时拼凑起来的杂牌军的大部分人马于6月19日被迫后撤并退守到了瑟堡前方几英里处一组呈半圆形分布的堡垒里。

瑟堡的防御工事主要是为了迎击来自海上的敌人而设计的，但看上去对正从陆路向这座城市三面压来的美国人来说仍然很有威慑力。在这座城市门户处的3道山脊上密布着反坦克壕沟、水泥结构的碉堡和其他一些类型的据点。不过尽管如此，这里的守军力量却不强。德国人规划的守卫线蜿蜒曲折，长达30英里，而施利本将军手下的守军人数只有2.5万人，其中还包括不少毫无战斗力的海军文员、空军地勤和建筑工人。即使是在他的作战部队中，也有1/5的成员是外国人，这些非日耳曼人包括波兰人和俄国人，他们都是在德军占领他们的国家时招募来的。希特勒下令要兵士们为了“德国军人的荣誉”而守住防线，但正像施利本后来写下的那样：“你不能指望俄国人和波兰人在法国人的土地上为了德国人来抗击美国人。”经过两天的侦察之后，美军在6月22日倾城而出，发动了一场大规模的进攻。在过去的3天里，一场强大的风暴袭击了英吉利海峡并肆虐不退，使得尽快拿下瑟堡港变得刻不容缓。强风和海浪已经击毁了几百艘登陆艇并严重损坏了那两个人工搭建的代号为“桑葚”的临时码头，而这两个码头担负着为盟军滩头阵地运送给养的重要任务。好像是为了给

一队党卫队装甲步兵正透过一面带孔的装饰墙观察盟军的动向。德军防守的重任主要落在这些装甲兵的身上。

这种紧迫性再加上一些着重号似的，盟军的1000多架飞机在地面进攻之前先从空中扔起了炸弹。这场被柯林斯将军戏称为“空中碾磨”的空袭让躲在工事里的德国士兵瞠目结舌而且严重挫伤了他们的士气，但是德国人还是尽最大努力击落了29架飞机并且成功抵御盟军步兵的进攻达24小时之久。美国人只能采取各个击破的办法一步一步地向前挪，他们先向德军碉堡的枪眼发射火箭弹，然后再在靠得足够近时安上炸药包。

施利本知道他的杂牌军不可能抵抗太长时间，但他竭力拖延时间以便能够炸毁港口设施以避免它们落入美国人的手中。为了鼓舞士气，他不惜四处颁发由德国空军专门空投下来的铁十字勋章。但到了6月25日，他苦心经营的防线还是土崩瓦解了，盟军攻入城内并夺取了一个重要据点。盟军一支由3艘战舰、4艘巡洋舰和11艘驱逐舰组成的舰队也加入了战团，他们不断地向岸上发射炮弹，直到被德军海岸炮兵连的猛烈回击逐退为止。

当天下午，施利本向隆美尔发去一封电报，言辞

德国坦克用42型自行火箭发射器小组的成员们正在卡昂附近的一个小树林里检查他们已加上了伪装的装备。这种火箭发射器的炮火十分密集，很适于近距离火力掩护，尽管缺乏野战炮的准确性，但因其可随时转移而显得更为灵活机动。

哀伤恳切："敌人装备精良且享有完全的制空权。我方兵力已将耗尽。港口的摧毁任务已告完成。有2000名伤员无法转移。真的有必要让这里仅存的一点兵力也毁于敌人的炮火吗？"

隆美尔回电："按照元首的命令，你们必须继续战斗，直到耗尽最后一粒子弹。"

6月26日，盟军的坦克将炮弹直接射入了德军地下指挥部的入口，施利本率部800人投降。其他小范围的激战仍在继续。4天之后，美国人宣布占领整个半岛。

科唐坦半岛上的德军指挥官，卡尔-威廉·冯·施利本将军和诺曼底战区海军司令瓦尔特·亨内克少将，于6月26日率部投降。尽管被希特勒怒斥为无能之辈，施利本却有力地拖延了美军的进攻步伐，为亨内克破坏港口设施的行动争取了足够的时间。

美国人终于攻下了瑟堡——但是比预定的日期推迟了一个星期，而且当时港口早已成了一片废墟。码头的设施被毁，港湾里埋满了地雷，泊船的水域里被填了大约2万立方码的碎石瓦砾，事实上如果不花上3个月的时间加以修葺，瑟堡根本就无法通航。"真是了不起的杰作，"一位参与港口重建工作的美国工程师这样写道，“毫无疑问，这是有史以来最全面、最彻底、计划得最完美的破坏工作。”

希特勒非常愤怒。在他看来，瑟堡防线在还能守得住的情况下就被轻易放弃了。于是他开始寻找替罪羊。不久，他下令将弗里德里希·多尔曼将军送交军事法庭。多尔曼将军是年62岁，是隆美尔的下属。4年来，他一直担任第7集团军的指挥官。由于伦德施泰特从中斡旋，法庭才将庭审改为了立案调查。但对于多尔曼来说，这种压力未免太大了。6月29日晨他被发现已魂归西天。据报告说他死于一场军事行动，然后又说是死于心脏病发作。事实上多尔曼体重严重超标而且心脏也确实不好。但几十年后，他的参谋长才披露说多尔曼实际上是服毒自杀的。

为了让防线其他部分的守军坚守阵地，希特勒召集他的西线指挥官们于6月29日赶到他的帝国总理府花园召开一次特别会议。由于盟军已完全掌握了制空权，所以希特勒明令他们不得乘飞机前来，于是隆美尔和伦德施泰特只得乘汽车日夜兼程赶到了帝国总理府花园，但到了那里他们又不得不再等上6个小时。在会上希特勒并没有谈到任何有新意的东西，无非是他对瑟堡的失守感到极度失望；士兵们不管结局如何必须誓死抵抗；正在赶制的喷气式战斗机和其他的超级武器不久就会力挽狂澜云云。他仍然相信盟军会在加来海峡发起进攻，因此坚持让驻扎在那里的第15集团军的20万人马原地

# 从胜败中总结经验

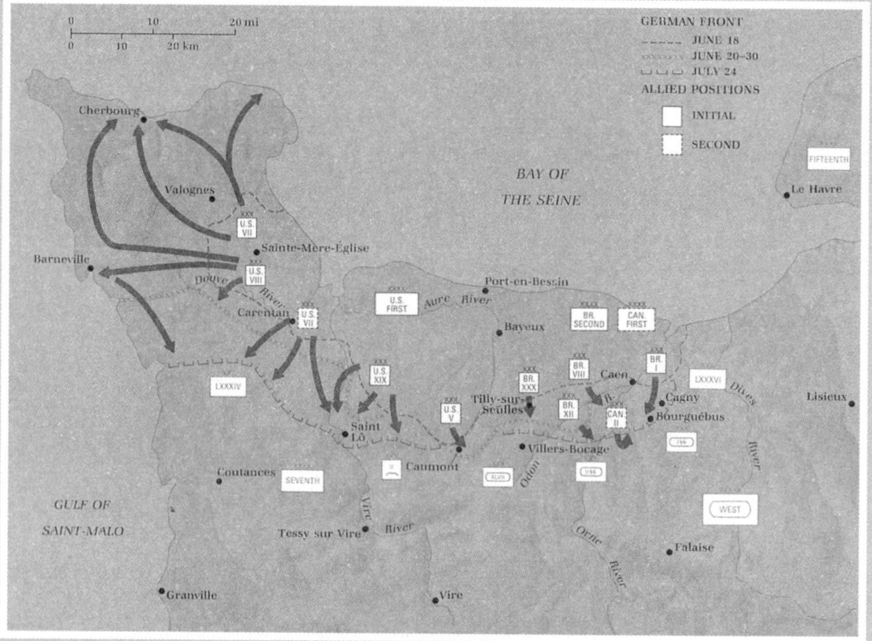


由于未能阻止盟军在诺曼底登陆，德国人试图集中他们的装甲力量向盟军的滩头阵地发动一场反攻。但是由于似乎无所不在的盟军战斗轰炸机的无情打击，加上英军装甲先头部队向卡昂步步进逼的压力，隆美尔不得不分派他手下的坦克四处应战因而收效甚微。6 月 13 日，盟军右翼的美军开始在科唐坦半岛树篱纵横的原野上奋力冲杀，将负隅顽抗的德国守军一步步向北赶至瑟堡。6 月 27 日，瑟堡守军投降。与此同时，左翼的英军继续向卡昂推进。德军莱尔装甲师在维莱博卡日发起的一场反攻阻碍了英军的步伐；而党卫队第 12 装甲师和第 21 装甲师的士兵们的顽强抵抗更是让英军于 6 月 26 日暂时中止了前进计划。英国人于 7 月 8 日的一场大规模空袭的配合下再次出击，几天后攻克卡昂城。英军继续向前，不久在卡昂以南数英里处的布尔盖比山脊处受阻，双方在这里展开了一场血腥杀戮。

待命，尽管在200英里以外，已无还手之力的诺曼底守军正在绝望之中期待着增援部队的到来。那里盟军登陆人数当时已达90万人，几乎是德军数量的3倍。

隆美尔和伦德施泰特数次试图把元首的注意力引到更严重的问题上。他们建议，帝国应该在西线媾和，这样才能把兵力集中在东线，因为那里红军正势如潮涌。但希特勒告诉他们只管打仗，把政治上的事留给他处理就行了。但隆美尔坚持谈论政治形势，于是希特勒请他离开房间。隆美尔转身离开，而且两人从此再也没有见过面。

与此同时，卡昂附近的战事已达到了顶点。在过去的一周里，东区的战斗愈演愈烈，陆军元帅伯纳德·劳·蒙哥马利爵士正准备从侧翼包围这座城市，而英国第11装甲师的加入更是使他如虎添翼。6月22日，这支新登陆的部队带着它的沙曼式坦克向南穿过奥东河，并朝着卡昂西南6英里处一个重要的战略高地112高地驶去。英国人的坦克遇到了德国党卫队第12装甲师年轻的狂热主义分子们的顽强阻击。这次战斗是如此惨烈，以致新近被提升为师长的库尔特·迈尔少将也按捺不住了，他扛起一架反坦克发射器投入了战斗。

年轻的德国装甲步兵们俯卧在凹陷的小径中和树篱背后，手握武器，随时准备战斗。在一次小冲突中，22岁的埃米尔·迪尔一跃而起并把他的反坦克弹射进一辆沙曼式坦克，这辆坦克顿时腾起了烈焰。然后，他

这些烧焦的树桩和被炸毁的沙曼式坦克是 112 高地上的激战的见证。图片中的沙曼式坦克原隶属于英军第 4 装甲旅；而 112 高地是卡昂西南面最重要的观察哨。德国兵把这片备受炮火蹂躏的土地戏称为“半截树丛”。

又朝着另一辆沙曼式坦克的侧面投掷了一枚所谓的粘贴式炸弹。这种炸弹的外面涂有一层胶粘剂，据说可以粘在坦克上。不过这次它显然没有发挥什么作用，反而滚落了下来。迪尔一把抓起这枚炸弹，用手把它抵在坦克上，直到它发出砰的一声巨响，把他自己和坦克一起化为了灰烬。除了这样的事例以外，德国人的坦克也很卖力，它们发起猛烈反攻，减缓了英军前进的步伐，从而使这一天没有以德国人的惨败而告终。

交战双方都在调集援军和部署下一步的进攻。早在 6 月 20 日，希特勒就下令要发起一场大规模的反攻

以粉碎英军的桥头堡。此次反攻将由 6 个装甲师协同作战，其中包括德国军队中的最精锐的坦克力量。在备战阶段，4 个师的增援兵力受命前往诺曼底，它们包括从东线返回的隶属于党卫队第 2 装甲军的第 9 和第 10 装甲师，和从法国南部调来的第 276 和第 277 步兵师。它们将换下已弹尽粮绝的莱尔装甲师和党卫队第 12 装甲师。但是由于盟军空袭以及法国抵抗组织对沿途公路的破坏，因此这些增援队伍迟迟无法赶到战场，事实上对前往增援的步兵师而言，行进 180 英里的距离就要花去他们整整 5 天的时间。

英军原定于 6 月 22 日发动的代号为“赛马”的行动事实上也被迫延迟了。英吉利海峡的大风暴使得运送士兵和供给的船只停运，蒙哥马利不得不将该行动推迟了几天。但后来一条由英国的 Ultra 解码系统破译出来的情报促使他下决心立即采取行动，该情报泄露了隆美尔的增援计划。蒙哥马利决心在德军装甲力量到来之前率先出击。6 月 25 日，美军派出一支队伍向驻扎在泰西以东的莱尔装甲师靠近。第二天，在更东边一点的地区，“赛马”行动的主力部队——一支由近 6 万人和 600 辆坦克组成的整整一个军的人马，在卡昂以西的长达 4 英里的战线上向南发起了进攻。此次进攻的目标，像 4 天前那次规模不大且不甚成功的进攻一样，是为了跨过奥东河，夺取卡昂西南的 112 高地，从而切断城中德军与外部的联系，使之成为一座孤城。

这次阻住英军道路的仍是党卫队第12装甲师十几岁的少年们。他们面对的是英军最棒的一个师，苏格兰第15师，以及负责掩护的第11装甲师。迈尔手下的年轻士兵现在在人数上已少得可怜，以致前进中的英国士兵有一次竟把他们的主力看成了一支由扛着几架机关枪的狙击手组成的小分队。但是他们栖身在奥东河以北5英里内由树篱、凹陷的小路和玉米地组成的迷宫里，从由蜂巢般密布的机关枪、迫击炮和地雷组成的3层防御网后玩命地向着英军开火。为了阻挡英军的进攻步伐，一些德国士兵甚至开始采用最原始的作战方法——他们把炸药围在自己的腰间跳上英国人的坦克。连续两天，英军都被困在北岸无法过河。到6月28日晨，英军终于占领了河上的一座桥，他们驾着坦克碾过奥东河，开始向着112高地进发。

在6月28日的危机中，一直被焦急地期待着的装甲增援部队终于赶到了。保罗·霍伊瑟尔将军，一位久经沙场的战地指挥官，党卫队领导圈中最为能干的一位将军，率领着他的党卫队第2装甲军的两个师从波兰赶到了这里，并于6月29日晨开始着手为发起一场战略反击做准备。

当时形势十分危险，盟军前锋已跨过奥东河并建立起了一块宽约3英里的前沿阵地。霍伊瑟尔打算率军从该阵地的右翼发起反攻。他手下的两支装甲师和另一支装甲师的部分人马将沿着东北方向的一根轴线向卡昂德国的伞兵们在树篱之间跑步前进以便尽快就位以迎击向圣洛进发的盟军坦克。打首的士兵携带着一架88毫米M43反坦克发射器，一种以美军的2.36英寸火箭筒为模型设计的肩扛式武器。

方向进发。但英军又一次提前获悉了德国人的企图，这要感谢Ultra解码系统以及从一名被俘的党卫队军官的物品中搜出的一份文件。当霍伊瑟尔指挥着250辆坦克在早晨7点钟集合完毕准备出发的时候，他忽然发现自己的队伍淹没在可怕的来自空中以及“来自海峡中的炮舰和英国炮兵阵地的致命的炮火”之中。来自盟军炮舰的16英寸炮弹的威力是如此之大，以致63吨重的虎式坦克都被掀得底朝天；而英军的炮火是如此密集，以致

一些德国坦克兵还以为英国人使用的是某种可自动装弹的新型大炮。这场还未出发就遭到致命一击的进攻于当天下午终于打响，但不久就被英军的反坦克炮和更加密集的炮火打得寿终正寝了。

但英国人并未意识到霍伊瑟尔的势头已经衰竭了，他们反而变得小心谨慎起来，并于6月30日开始从他们奥东河畔的桥头堡后撤。这条小河已经被尸体填满了——迈尔一方损失了800人，而苏格兰第15师损失了2300人。东南方几英里外的112高地被炮火熏得黑黝黝的，上面尸横遍野，一片孤寂荒凉的景象。在前一天的战斗中，霍伊瑟尔的反攻以失败告终，英国的坦克占领了112高地的制高点。但到了破晓时分，霍伊瑟尔的坦克卷土重来并占了上风，在第7摩托化步兵旅和由操作灵活的6膛火箭发射器射出的数千枚尖叫着冲向盟军阵地的飞弹的帮助下又把英军的沙曼式坦克赶下了满目疮痍的山头。

在同一天，也就是6月30日，隆美尔与希特勒会面后返回前线，想看看他的部下所报告的“防御上的全面胜利”到底是怎么一回事。霍伊瑟尔的坦克部队确实在缺口处阻止了英军的进攻，但他们实际上并未完成希特勒下达的给予盟军决定性一击的任务。下午，德国人的反攻再次被击退。隆美尔手下两名装甲部队指挥官，盖尔将军和现任第7集团军司令员的霍伊瑟尔，分别就面临的情况提交了报告。报告的内容惊人地相似，他们一致认为前途堪忧。为了能够避开盟军杀伤力极强的海军炮舰的袭击，缩短战线，并尽可能地筹备起一支可移动作战的装甲后备军，他们提议德国守军从卡昂实施有限度的战略性撤军。隆美尔和伦德施泰特分别在他们的建议上签署了同意意见并将之呈交希特勒，而元首本人于7月7日紧急回电："继续坚守阵地。"当然这个答复对于前线的将军们来说一点儿也不意外。

但是伦德施泰特的反应这次有些过火。在当晚与陆军元帅、最高统帅部首脑威廉·凯特尔的电话中，他所描绘出的诺曼底战场的图景是如此暗淡无光，以致凯特尔在绝望中喊道："我们该怎么办？"伦德施泰特，根据他的参谋长的回忆，当时冲口答道："安静，你这个笨蛋！除了这个你还能干什么？"

第二天早上，几乎在盖尔被撤去装甲西部集群指挥官之职的同时，希特勒的一名副官来到了伦德施泰特设在巴黎郊外的司令部。他把一枚所有德国军人都梦寐以求的栎叶徽标加饰在西线司令胸前的骑士十字勋章上，然后递上一封元首写来的不失礼貌的便条，鉴于年龄和健康的原因，68岁的陆军元帅可以光荣退休了。

希特勒将隆美尔抛在了一边，他任命陆军元帅京特·汉斯·冯·克卢格接替伦德施泰特出任西线总司令。克卢格是年61岁，是一位精神矍铄的普鲁士人，新近刚从他担任集团军群总司令的苏联战场的一次车祸中康复过来。在过去的两周里，他一直待在帝国总理府花园听希特勒发牢骚，元首把诺曼底发生的一切都归结为前线指挥官的失误。因此，在随后的第一次会面中，克卢格就鹦鹉学舌般地指出了隆美尔一长串的毛病，包括投降主义和抗命不遵等等。看出他的新上司又是一位对盟军的空中力量和其他技术优势一无所知的“东线将军”，隆美尔毫不客气地予以反击。他坚持要克卢格收回对他的侮辱并向他书面致歉。这场争论愈演愈烈，以致克卢格不得不将助手们轰出房间以便两位元帅能够不失体面地继续彼此的长篇训导性演说。但在随后的两天里，当克卢格视察完前线返回他的司令部时，他对他的这位下属所面临的问题有了新的理解。他一再向隆美尔道歉，以期能够抚慰将军那受伤的自尊心。

当卡昂周围抵抗英军的战斗逐渐降温并最终陷入僵局的时候，德军防线左翼的战火却熊熊燃烧起来，而该区自瑟堡陷落之后一直相对较为平静。美军控制的地区现在向西延伸了大约 50 英里，从科蒙周围——美军在此处的滩头阵地向内拓展了大约 20 英里——向西一直到大西洋沿岸位于科唐坦半岛基部的圣马洛湾。沿此线分别摆开阵势的是美军的 14 个师和德国第 84 军的 6 个师以及隶属于霍伊瑟尔的第 7 军的第 2 伞兵师。德方有一半的师因为人员严重不足而名不副实。没有一个师有具威慑力的装甲后备力量，不过每个师都有炮兵支持且配备有足够的攻击型火炮。德军在诺曼底的坦克有 4/5 集中在东部，隆美尔做此安排是为了防止英军从这里突破抄了自己的后路。

7月3日，也就是克卢格就任西线总司令的那一天，美军向南发动了首次大规模军事行动。此次行动将由3次主要进攻组成，先后历时5个月，以军为单位分梯队进行。目标是为了能够将战线推进到科蒙、圣洛和库唐斯一线。如果成功就可以将战线伸展成一条直线并极大地拓展盟军的滩头根据地——目前它还只达到了预计的1/5而已。最重要的是，它能够使美军从沼泽、凹陷的泥路和树篱丛中拔出脚来——它们一直是美军机械化部队前进路上的严重障碍。

首先发起进攻的是美国第8军的4个师，他们在德军最左侧靠近海岸的地方一头扑进树篱纵横且由于近来连降暴雨而满是水洼的田野。不久他们就不得不慢下来匍匐前行了。这不仅仅是由于糟糕的地面状况，还由于德国士兵的顽强抵抗。霍伊瑟尔手下的守军——不久他们就会因从布列塔尼赶来的第15伞兵团和来自党卫队第2装甲师的两个营的加入而士气大振——都是普通的德国步兵，他们既不像莱尔装甲师的士兵们那样训练有素，又不像党卫队第12装甲师的那些年轻人那样狂热。但是他们打得既有条不紊又十分顽强。事实上，战后的研究将会证实，无论是在诺曼底还是在其他西部战场上，这些普通德国士兵的表现都要比他们的对手出色得多。

关于德国人在战场上的出色表现曾有过一些不同

的解释。英军在诺曼底的一个旅长简单地将之归结为："德国人喜欢当兵。而我们不。"但事实上有更站得住的理由。德国的作战部队总是把更多的力量放在战斗的最前沿，而不是放在辅助的位置上。德国团级甚至团级以下的作战单位拥有十分优秀的指挥官，其中大多数都是久经沙场的老兵。另外，德国军队的战术、训练、激励机制和战场上的灵活机动都不失为理由。但令德国士兵拼死作战的还有另外一个理由——那就是对德国失掉这场战争的巨大恐惧。一个曾随第 276 步兵师在诺曼底服役过的德国士兵，阿道夫 · 霍恩施泰因下士，回忆说，他和他的战友们之所以拼命抵抗主要是由于盟军坚持让德国无条件投降，"如果不得不在加拿大或西伯利亚伐木头渡过余生，"他说，"那么我宁愿在诺曼底战死。"

德国人的顽强抵抗和有利的防御地形阻碍了美国人在霍伊瑟尔的左翼尖端发起的进攻。连续 12 天，战斗进行得异常艰苦，美国第 8 军只前进了 7 英里——距离此次行动的目的地库唐斯还有一半路程——而代价是 1 万名士兵丧生、负伤或被俘。

在更东边，德国人也极大地挫败了美军第二梯队向南的进攻。柯林斯将军的第 7 军、瑟堡的征服者，在 7 月 4 日试图从卡朗唐沿路南下，结果与德国第 6 伞兵团和党卫队第 17 装甲步兵师的残余队伍狭路相逢。头一天美军的伤亡是如此惨重以致海特上校，这位在 3 周前冒着被送上军事法庭的危险将他的伞兵从卡朗唐撤出的德国军官，勇敢地将被俘的美军医生放回以便他们能够救助那些伤兵。战斗持续到第 11 天，美军第 4 师的伤亡人数达 2300 人。该师师长雷蒙德 · 巴顿少将在他的报告中写道："德国兵就站在战友们被打出的肠子边上浴血奋战。"

美国第三梯队的进攻也同样遇到了困难，但完全是另外一种。当新近受命出击的美军第 19 军的 3 个步兵师在 7 月 7 日像猛虎下山一般一跃而出的时候，他们发现对手根本就不堪一击。隆美尔已将他的大部分后备军派往别处救急。在第 19 军驻地和此次行动的目标——一个位于圣洛的 4 条大道的重要交叉口之间的 11 英里距离内，隆美尔只留下了一支由 3 个步兵营拼凑在一起的草台班子，而负责掩护的是党卫队第 17 装甲步兵师的一个团，该团在之前的战事中伤亡惨重。美军的进展是如此神速，以致进攻发动的第一天整个第 3 装甲师就已齐聚在维尔河畔，准备渡河夺取最后的胜利。结果在圣洛以北狭窄的乡间小道和道旁的树篱间塞满了美军的坦克和其他辎重车辆。由于自身的负重，整支前进队伍陷入可怕的泥淖之中，几乎动弹不得。

然后，正当美军开始松动的时候，德军的坦克却向他们发起了进攻。7 月 9 日，神出鬼没的党卫队第 2 装甲师的一支坦克－步兵特遣部队在圣洛西北方 6 英里处袭击了美军。同时，隆美尔正在筹措一次更大规模的进攻。他将在战火中历练得更加顽强的莱尔装甲师从卡昂前线撤回并把它放进后备军里边。现在，弗里茨·拜尔莱恩手下的坦克力量和靠卡车运送的步兵正在前线后方从侧面向南和向西两个方向移动。为了避开盟军的飞机，他们只得在深夜里行军，一名坦克指挥官为了防止他的驾车手打瞌睡居然不得不在炮塔里吹起了口琴。

7月11日，来自莱尔装甲师的两支纵队开进了圣洛以北5英里处的美军驻地。尽管该师的兵力比起登陆日的规模来说只有1/3强，它能够派上场的坦克也只有32辆，但阴云密布的天空帮了他们的忙。由于天气恶劣，盟军的飞机无法起飞，他们胜利地推进了2英里远。随后，天光放晴了，盟军的飞机也随之而来。在地面上，美军的炮手们反攻为守，他们以树篱为掩护让德国人也好好地尝了一顿他们的反坦克炮弹。莱尔此次损失了20辆坦克。尽管它暂时阻止了美军在圣洛的前进步伐，但它的残余兵力和坦克不得不退回到更西边的后方以休整待命。

在同一天，圣洛的守卫者们面临着新的威胁。另外一支美国军队加入了进攻。美国第5军，在此之前一直守卫在宁静的科蒙凸角附近，现在它向西推进并且占领了圣洛以东4英里处的一个重要高地。和从北部移来的第19军一起，这些美国人将守卫的德军缓缓地向后推。这支德国守军由来自第84军的3支拼凑而成的作战队伍和来自欧根·迈因德尔的第2空降军的第3空降师组成，是在盟军的强大攻势下从科蒙战区退守至此的。该部的指挥官认识到除了撤退已别无他途。于是置希特勒要求死守的命令于不顾，霍伊瑟尔命令迈因德尔向后撤至圣洛以南1英里处的高地。隆美尔的司令部对此表示默许。“只是随后要向我们报告说敌军已分几处突破了你们的主要防线，而你们几乎根本无法在后方再建立起一条新的防线。”隆美尔的前线指挥官们被这样指点道。

当美军于7月18日开进早已是一片废墟的圣洛城的时，只遇到了德军殿后部队的抵抗。圣洛城的攻克结束了盟军自7月3日发起的三管齐下的进攻。此次进攻

在数周的空袭和地面炮火的袭击之下，圣洛古城被炸成一片废墟。德国的宣传家们以这座死寂的城市为例，指控美国人和英国人是如何在解放法国的同时毁掉这个国家的。

历时16天，美方的3支军队只拿下了这一座城，而他们为此付出了死伤4万人的高昂代价。

美国人的进攻迫使隆美尔不得不绝望地四处迎敌。他每天早上都要驾车从他位于洛希－居伊昂的指挥部奔赴战斗第一线。置来自空中的危险于不顾，他每天都要奔波400英里竭尽全力找寻他的队伍并激励他的士兵迎击盟军不断变换战略重点的进攻。尽管他的军队的伤亡人数和盟军的伤亡人数大致相抵——死、伤、失踪人数均约为10万人——但美军和英军的伤亡人数都能迅速得到补充，而隆美尔所能得到的补充人数则不到损失人数的10%。比起在诺曼底，目前他要迎击4倍于他的敌人。而军需品的补给状况也在不断恶化。

为了能够阻止美军的进攻，隆美尔不得不放弃了他在英军进攻区域内建立的据点。在莱尔装甲师在圣洛发动的反攻失利之前，英军就已瞅准该师不在的时机采取了行动。7月7日晚——也就是美军向圣洛发起进攻的同一天——成千上万吨炸药落在卡昂北半边的土地上。盟军的炮兵发射了8万枚炮弹；460架来自英国皇家空军轰炸机大队的四引擎轰炸机投下了250吨烈性炸药。次日凌晨，英军和加拿大军的3个师，在3个装甲旅的掩护下发起进攻，用一名士兵的话说，最终呈现在他们眼前的卡昂城“只是一堆砖头瓦砾，就像是一片已经犁过的玉米地”。

这场大轰炸实际上也给盟军的行动带来了不利。

由于炮火过于密集，而德国人的大部分掩体又与英军的战线十分接近，因此致使约5000名法国百姓在轰炸中丧命或受伤。在某些地方，碎石瓦砾堆得比山还高，而且路上到处是巨大的弹坑，以致英军反而无法顺利穿过城市，而且这些障碍物还为德国人提供了天然掩体。巷战不断升级。在德军一方，没有多少作战经验的作战单位代替莱尔装甲师站在了战斗的最前沿。由空军地勤人员和高射炮手组成的空军第16野战师，在伤亡人数达到75%时被盟军冲散。许多来自党卫队第12装甲师的十几岁少年负隅顽抗，他们隐身在城市的废墟之间，凭着寥寥可数的几架高射炮和几辆坦克拼命抵抗，共击毁英军坦克103辆。在卡昂城的西郊，里策尔上尉，党卫队第12高射炮营第1高射炮连连长，坚守岗位，在英军坦克隆隆压过之前，用他仅存的一架88毫米火炮击毁了3辆英国坦克。里策尔和他的6名尚有作战能力的士兵，最后在保护他们的炮位的贴身肉搏中全部丧生。

第12装甲师那位狂热的指挥官，库尔特·“坦克”·迈尔，最后还是决定放弃了。因为他“只是无法眼睁睁地看着这些年轻人因为一道毫无意义的命令而白白地送死”。7月9日晨，他置希特勒要求死守的命令于不顾，将他的人马从卡昂阵地撤出。是日晚，英军占领了该城位于奥恩河以北和以西的地区。在33天的苦战之后，陆军元帅蒙哥马利终于占领了卡昂城，尽管只是部分地区。然而，在该城的南郊，在奥恩河岸的另一边，他的老对手隆美尔已经建立起了一条新的防线。两位指挥官现在分别都在受到他们上司的责难：隆美尔是由于他那所谓的投降主义，而蒙哥马利则是由于未能如期打开通向卡昂以外的开阔平原的通路。

为了尽力挽回这种被动局面，蒙哥马利将他的进攻重点移到了卡昂东部和东北部，他的军队在此地的奥恩河上一直占据着一个重要的桥头堡。他打算在来自西面的一支加拿大军团向卡昂南部发起进攻的同时，派 3 个装甲师从桥头堡出发向南发动一场快攻。此次行动的代号为古德伍德，这是英国一个赛马场的名字。7 月 18 日凌晨，作为此次行动的序曲——一支由 2000 多架战斗机组成的庞大机群在德国据点上空投下了约 8000 吨重的炸弹。此次空袭是进攻以来规模最大的一次，它把德国的虎式坦克掀得底朝天，将德国的高射炮在炮筒还未及调高之前就炸成了一堆废铁，它的强大威力让守卫的德军瞠目结舌，事实上其中一些人在其后的数小时中还一直无法自控地浑身哆嗦。

然而大部分德国守军在空袭之后奇迹般地并未受伤，当英军的坦克在早晨 7 点 30 分左右穿过浓重的硝烟驶来的时候，他们早已各就各位，严阵以待。隆美尔料到盟军会发动进攻。在此之前，通过对战俘的审讯和德军侦察机冒险拍得的照片，他早已对盟军的动向有所察觉。他将他的兵力部署在跨盟军进军中轴线大约 10 英里宽的一组防御带上，其主力步兵隐身于壕沟之中，由反坦克炮和轻型火炮提供掩护。炮兵主力被安插在卡昂以南数英里处的布尔盖比山脊——配备有大约 250 多门野战炮、88 毫米口径火炮和 272 门 5 膛和 6 膛火箭发射器。在山脊后面数英里处还驻扎有一支备有约 80 辆大型坦克和攻击型火炮的移动后备军。

蒙哥马利的由 700 辆坦克组成的先遣部队向南顺利地驶过了被盟军飞机炸得七零八落的德军步兵防御区，但在行进至壁垒森严的卡尼村时却遇到了麻烦。该村位于卡昂东南和布尔盖比东北 3 英里处。当时一名德国军官，汉斯 · 冯 · 勒克上校，从卡尼村村边的一座果园中探出头来，看到一条沙曼式坦克组成的长龙正向该村的西北部驶来。勒克是一位 33 岁的沙场老将，曾随军从波兰到苏联东征西伐并屡立战功。是日凌晨，他刚刚在巴黎休完 3 天的假期，并试图从第 21 装甲师通过无线电与他指挥的作战单位取得联系。

他在卡尼所发现的全部装备只有一门该师留下的 88 毫米口径的反坦克炮和一组 4 架 88 毫米口径的高射炮。这组高射炮曾属于德国空军第 16 野战师的残部，该师在两周之内遭遇了两次可怕的空袭，因此这些炮的炮筒还保留着瞄准天空的位置。

勒克命令负责高射炮组的军官将他的高射炮移至果园的边上并瞄准他刚刚看到的盟军坦克，这名空军军官起初一口回绝，他坚持说他的使命是防御来自空中的袭击，但勒克拔出了他的手枪，他只得服从了。果园中汉斯·冯·勒克上校，德军第21装甲师一支战斗队伍的指挥官（左图中正在研究地图者），在瓦解英军于7月18日对卡昂发起的古德伍德行动中起了关键性作用。尽管盟军之前的一场大规模空袭使得战场上硝烟蔽日（如下图），有几辆坦克甚至被炸得底朝天，包括右图中重达63吨的虎式坦克，但勒克单枪匹马地组织了一场防御战，从而有效地阻止了英军的地面进攻。

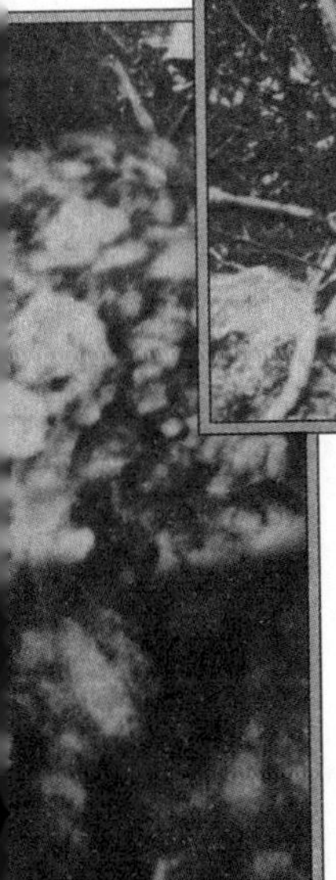

的德军在勒克的指挥下迅速地重新组合，5 门 88 毫米口径大炮向盟军的坦克纵队开了火，炮弹纷纷打在坦克侧面相对较薄的金属护板上。至少有 12 辆英军被击中并迸出了烈焰。下午晚些时候，勒克使该战群剩余的坦克又运转起来，随后又争取到了驻扎在该村东面的第 503 重型坦克营的反坦克连队和 6 辆虎式坦克的支援。这些散兵游勇摧毁了几十辆坦克并成功地拖住了英军的前进步伐，导致蒙哥马利的大部分装甲部队未能及时赶到它的目的地——距此西南方 3 英里处的布尔盖比山脊。

下午过半的时候，蒙哥马利的装甲部队的进攻仍然严重受阻，这不仅仅是由于德国守军的出色表现，还由于其自身在战略战术上的缺陷。如果将镜头远远地拉回到此次进攻的起点，奥恩河上的桥头堡，你会发现数十辆英国坦克仍然堵作一团，甚至还未能正式踏上征途，因为所有的辎重车辆都不得不从他们自己布下的雷区中间穿过，而他们为自己留下的唯一通路窄得一次只能过一辆车。

不过，英军的先头部队成功地攻克了德军的3个防御区并于是日下午逼进了第四个——布尔盖比山脊那300英尺高的斜坡。此地距此次进攻的出发地约7英里，翻过山坡就是令英军心痒难耐却又迟迟无法得手的通向南部的开阔平原。要拿下此地英军就必须冲破德军的反坦克武器的火力封锁，然后还要和德国的坦克部队一竞高下。临近黄昏的时候，德国装甲西部集群新一任的指挥官，汉斯·埃伯巴赫将军，组织党卫队第1和第21装甲师的4个坦克营发起了一场反攻。黄昏时，50吨重的德国坦克向英军迎面开去并将80辆重量较轻的沙曼式坦克和克伦威尔式坦克打开了花。但是这场反攻终因寡不敌众而宣告失败。

是夜和随后的两天里德军面对英军的大举进攻一直死守布尔盖比山脊。接着，由于一场暴雨把整个战场变成了一个大泥潭，英军不得不于7月20日取消了古德伍德行动。至此，隆美尔的士兵们已经击毁或击伤了英军大约500辆坦克——其中有一半是头一天的战果。

对于英军来说，此次损失的坦克数目占英军在诺曼底配备的坦克总数的36%。尽管与此同时蒙哥马利麾下的加拿大步兵成功地开进了已炸成一片废墟的卡昂城，但德国人显然赢得了防御上的辉煌胜利，因为他们使盟军向东南打开通路的计划落了空。

隆美尔再一次，也是最后一次将他的老对手的装甲部队搅得一团糟，但是他却无法在战场上为他取得的胜利而欢呼了。在卡昂以东40英里处一所空军医院里，沙漠狐狸静静地躺在病床上，因头骨多处破裂且身体其他部位多处受伤而奄奄一息。3天前，在战斗即将打响的前夜，在他对党卫队第1装甲军指挥部做了战前最后一分钟的巡察后返回司令部的途中，两驾英军的飓风式

在差点死于英军的机关枪扫射之下的那个晚上，隆美尔（右）正在和他的参谋长，汉斯·施派德尔将军一起研究一张诺曼底地图。施派德尔是刺杀希特勒事件的主要谋划者之一，他曾鼓励隆美尔本人也加入到他们的行列中去。

战斗轰炸机袭击了他的军务用车，打伤了他的司机。这辆车一个急转弯撞在了一棵树上并翻了个底朝天，将隆美尔甩在了路上。具有讽刺意味的是事故发生地点的附近恰好有一个叫作圣佛依－德－蒙哥马利的村庄。

就在隆美尔取得他一生中最后一次胜利的这一天，也就是 7 月 20 日，一群叛乱者试图用一枚炸弹刺杀希特勒但未获成功。隆美尔与此事并无直接联系，但也并非毫不知情。这些叛乱分子中的一部分人希望，如果此次刺杀行动成功的话，隆美尔能够取代希特勒国家元首的位置，并带领这个国家从战争中走出来。一旦元首意识到这一点，这位曾经最受他宠爱的士兵的命运也就可想而知了。隆美尔在此后的 3 个月里将慢慢地恢复健康——然后服毒自尽，这样他就不必因叛国罪在军事法庭上当庭受审。

# 3. 横扫德国的门阶

1944年7月18日，美军攻占圣洛，在此后的一个星期里，由于大雨如注且阴云密布，诺曼底战场上的交战双方不得不在各自加强警戒的情况下暂时休战。美军趁机重组；保罗·霍伊瑟尔将军，德国第7集团军的指挥官，也向他的上司们连珠炮似的提出了一系列请求，包括请求补充兵源、大炮、给养以及最重要的空中掩护等。霍伊瑟尔的第7集团军曾经是一个坚强的战斗集体，但现在已是支离破碎，散布在从位于科唐坦半岛基部西端的莱塞向东南延伸到圣洛市郊的25英里的公路沿线；另外，由于缺少交通工具、装备、武器和弹药，该军实际上已经无以为继。在圣洛以西，维尔河与托特河之间，霍伊瑟尔只有大约5000名可上场拼杀的士兵，其中约半数来自弗里茨·拜尔莱恩中将的精锐的莱尔装甲师。在兵源充足的情况下，莱尔装甲师配备有1.5万名士兵、230架坦克及攻击型火炮。7个星期的战事之后，整个师可以派上场的大约只有3200名士兵和50辆左右的装甲车了。

一名德国第9装甲师的坦克兵戴着护目镜，坐在他加有防护性伪装的坦克车的车顶上向着烈日炎炎的天空搜寻盟军战斗轰炸机的影子。当时是1944年8月。到这个月的月底，法国境内的所有德国驻军，除去那些仍然守卫在一些个别海港处的人马以外，将向着德国边境全线撤退。

本月月初，陆军元帅京特·汉斯·冯·克卢格，新一任的西线总司令，好不容易才从希特勒处获准将总共4个步兵师从法国南部和仍驻守在加来海峡省的第 15 集团军处调集出来。但他并没有将这支救兵派给霍伊瑟尔，而是将它派去替换在卡昂与英加军队对阵的汉斯·埃伯巴赫将军的装甲西部集群（于 8 月 5 日重组为第 5 装甲集团军）的 5 个装甲师。克卢格，最近刚刚受命接替受伤的隆美尔将军担任 B 集团军群的指挥官，同时继续担当指挥西欧战区总司令部的重任，他希望能够将这些坦克师改编为一支可移动后备军，以便能给他们一个喘息的机会——但这个愿望被陆军元帅伯纳德·劳·蒙哥马利爵士发动的古德伍德行动击得粉碎。

这张照片摄于 1944 年 7 月，是从一架正向地面扫射的美军战斗机上俯拍而得的，画面上一队德国军用卡车正冒着硝烟向北驶去。由于德国空军已无力提供空中支援，这些撤退中的德军很容易成为盟军飞机的袭击目标。

克卢格一心想要保护他的右翼军队的想法反映了德军高层深信盟军的主要攻击目标仍然会是在加来海峡省的事实。这种成见使得第 15 集团军一直被部署在距诺曼底战场相隔甚远的地方——从而把德军左翼的防御任务全部放在霍伊瑟尔的第 7 集团军和埃伯巴赫的装甲西部集群的肩上。

7 月 24 日星期一，午时刚过，拜尔莱恩将军在设于圣洛西南几英里处的卡尼西村的一幢古老农舍里的莱尔装甲师指挥部里接听了一个电话。他的一名团级指挥官向他报告说德军阵地前发生大规模空袭。下午 1 时许，在空袭前撤退到几百码以外的美军，开始向他们原先占领的位置推进。

虽然德国人并不知情，但盟军发动的这场轰炸及其相应的地面进攻绝对是一个糟糕透顶的决定——作为眼镜蛇行动的前奏，这个头显然开得很不好。眼镜蛇行

动是由奥马尔·N·布拉德利中将精心策划的一场大进攻，原定于7月19日进行，其目的是为了巩固古德伍德行动的战果，但恶劣的天气使得此次行动一再延误至7月24日。空袭原被安排在中午，但由于天气不久又转阴，所以行动只好被取消——但当时已没有足够的时间通知在此之前已向进攻目标飞去的那批重型轰炸机原路折回了。

其结果是灾难性的。当飞机自北向南，从聚集在圣洛－佩里耶公路北侧的美军大队人马的头顶飞过时，由于能见度太低，加上领头的几架飞机出了些机械性故障，原本为德国人准备的炸弹提前跌落。由于这个失

一名德国哨兵躲在一辆被掀翻在地的美国坦克的后面，指示他所属的炮兵连向驻扎在圣洛附近的美国第1集团军的营地开火。

误，原本在此候命准备率先发起地面进攻的美军第 7 军第 30 师先吃了一通自己人的炸弹，死 25 人，伤 131 人。第二天，经过一番休整，美军重新组织了一场进攻。布拉德利忧心忡忡，他认为作为一场突袭，眼镜蛇行动已失去先机。但不可思议的是，结果恰恰相反。

克卢格的目光仍然锁定在卡昂，他坚信盟军的下一次进攻将由英军发起。是夜，他将第 2 装甲师由科蒙附近调至卡昂以西的奥恩河谷。对拜尔莱恩而言，这一天的战绩还算差强人意。尽管他并不赞同克卢格的决定，而且非常希望进攻能够在他自己所辖的战线上再次发起，但他坚信莱尔装甲师——不管怎样，它使美军未能穿过圣洛－佩里耶公路——将再次凭自己的实力渡过难关。于是他在公路以北只留下了一小支部队，而将他的大部分人马撤到了公路以南的地区。这个决定将使这位装甲指挥官抱恨终生。

来自空中的烈焰在 7 月 25 日早晨 9 点 38 分熊熊地燃烧起来。"飞机一架接着一架俯冲而来，就像是装上了传送带，"拜尔莱恩事后回忆说，"弹幕席卷而下，在天空中划出一个个巨大的长方形。我们的高射炮还未及开火，就被炸得飞上了天或者被打成了哑炮。"

1500 多架 B-17 和 B-24、将近 400 架中型轰炸机和大约 550 架战斗轰炸机向此次行动的目标——圣洛－佩里耶公路以南，沿公路长 7000 码、宽 2500 码的区域内，共投下了 4100 吨炸弹、烈性炸药和汽油弹。不到 10 点，

图中的德国兵一个个目光呆滞，显然还没有从盟军为配合眼镜蛇行动所发动的那场毁灭性空袭的余震中清醒过来。这些士兵原隶属于德国第2伞兵军，他们胸前挂的牌子标明了他们的战俘身份。

拜尔莱恩的通信设施就全部被毁，再也无法下达任何命令了。“到了中午，”他后来描述说，“整个地区看起来就像是月球的表面，一个弹坑挨着一个弹坑，我们的武器全成了废铜烂铁。”至于军队的景况，拜尔莱恩说道，简直“无法形容”。莱尔装甲师的 3 个营级指挥部被夷为平地，至少 70% 的人“或死或伤，或疯或傻”。

穿过空袭的硝烟和尘土开过来的是美国的第 9、第 4 和第 30 师。他们的首要目标是将空袭区域的两翼封锁起来，以便在马里尼和圣吉尔之间打通一条 3 英里宽的通道。摩托化步兵将向西南方的库唐斯进发，然后继续推进至大西洋，从而将正缠结在美军右翼的树篱丛中与美国第 8 军交战的德国人包围起来。向南是布列塔尼和大西洋沿岸的几个重要海港，盟军必须攻克这些海港以便能够尽快建立起自己的后勤基地并向他们已深入内陆的军队提供弹药和给养。

尽管事前采取多项防护措施，但盟军的一些炸弹还是误投在了美国人的头上。当美国第7军的士兵开步前进的时候，他们中的大多数还因余震而步履蹒跚、头晕目眩——而在前方迎接他们的是莱尔装甲师残部的顽强抵抗。许多美国兵原以为这次可以轻松地跳着狐步舞就吃到可口的蛋糕了，但事实证明蛋糕并不是那么好吃的。自登陆日以来，迎接他们的场场都是硬仗。凭借着仅有的几辆坦克和几门88毫米口径火炮的掩护，隐身于散兵坑里的莱尔装甲师的士兵们奋勇作战，使得美国人不得不缓慢地匍匐前进。

然而，持续不断的空袭使得德军无法重新组织一条新的防线。尽管德军的每一个据点都是一块难啃的骨头，但美国人不久就意识到这些堡垒是彼此分离的，并没有连成一线，因此可以采取从侧翼包围的战术各个击破。到了下午晚些时候，霍伊瑟尔将军发现他的防线有7处被盟军突破。夜幕降临的时候，美军已将战线从早晨的出发点向前推进了1～3英里的距离。就在同一天，加拿大第2军在卡昂发动进攻，陆军元帅克卢格匆忙赶到现场，他在报告中写道："仿佛一眨眼的工夫，整个前线就崩溃了。"

第二天，尽管还有部分目标没有拿下，美军第7

军军长、被誉为“闪电乔”的乔·劳顿·柯林斯中将抱着赌上一把的心态冒险派出了他的装甲部队。面对强敌，霍伊瑟尔本以为周围的地形会帮上他的忙，但事实的情形让他瞠目结舌。树篱组成的天然防御墙这次威力尽失：经过巧妙的改装之后——这项工程在绝对保密的状态下已进行了几个星期——美军坦克的灵活性和适应性得到了空前的提高。从德国人在海滩上设置的路障上拆卸下来的铁条被焊在坦克的前端，就像是长长的獠牙。在沙曼式坦克强大引擎的驱动之下，这些改装后被命名为“犀牛”的庞然大物一路披荆斩棘，在它们的利齿之下，一道道树篱就像是纸糊的一样纷纷倒下。在它们的帮助下，

盟军的空袭在1944年7月与8月之间对德军在法国境内的交通及通信设施造成了毁灭性的打击。图中位于巴黎至瑟堡的铁路沿线的卡昂车站就是一例。站台上堆满了被击毁的坦克和火车车厢的碎片。由于被切断了供给和后援，德国第7集团军再也无力阻止盟军在诺曼底的进攻脚步。

美军的坦克挣脱了狭窄的乡间小径的束缚，在法国的原野上疾走如飞、如履平地。

当一辆辆沙曼式坦克从德军的据点旁呼啸而过的时候，盟军的战斗轰炸机对准已被包抄的据点内的德国守军掷下弹雨，一时到处血肉横飞。到7月26日傍晚，美军已夺取了向内陆深入所必经的主要公路干线网。第1步兵师打到了马里尼，从这里向北跨过一个十字路口就是向西通往库唐斯的主要干道。在东面，圣吉尔已牢牢地掌握在美军的手中，而第30师也向南打到了卡尼西村，也就是莱尔装甲师师部所在地。

几名来自德国空军地面部队的士兵正驾车从法莱斯伤痕累累的城区中驶过，他们边走边抬头在天空中搜寻盟军战斗轰炸机的踪迹。在诺曼底作战的德国士兵不得不每时每刻都留意他们头顶上的天空。

拜尔莱恩差点没能活着逃到距此向南3英里处的一处临时指挥部。是夜，他将手下衣衫褴褛的士兵们召集在一起。“我总共只剩下14辆坦克，”他后来写道，“除了撤退之外我们已别无选择。”是日傍晚，满身泥污、蓬头垢面的拜尔莱恩接待了一位来访者——一位来自克卢格司令部的参谋官。“将军阁下，”这位军官开口说道，“陆军元帅下令必须守住圣洛－佩里耶防线。”随后他又补充说党卫队的一个坦克营将被派来提供支援。

拜尔莱恩强压住胸中的怒火。“在前线，每个士兵都在坚守岗位，”他冷冷地说，“每个士兵。我的手榴弹兵、我的工兵、我的坦克兵——他们都在坚守岗位。没有一个人后退。他们无声无息地躺在他们的散兵坑里，因为他们已经死了。死了。你明白吗？你可以向陆军元帅报告，说莱尔装甲师已经不存在了。现在只有死人可以守住这条战线了。”

尽管知道防线实际上已不存在，克卢格仍然命令他属下的军官们死守，实际上这只不过是元首本人意志的回响而已：自战事在诺曼底爆发之日起，希特勒对所有要求实施战略性撤退的建议都一概否决——直到事态发展到不可收拾为止。克卢格不愿违背元首的意愿下令后撤很有可能出自一种自保心理。自 7 月 20 日险些遇刺以来，元首对军队中的高层官员的疑忌越来越深。尽管克卢格与此次政变并无瓜葛，但在内心深处，他对此次行动持同情态度，正因为如此，他感到更有必要小心谨慎，时刻向元首表示他的忠心。

但不管是出于忠心、谨慎，还是其他什么原因，都注定要以前线上士兵们的生命为代价。由于每时每刻都生活在盟军的地面进攻和空中袭击的夹缝之中，第 7 集团军的将士们变得意气消沉、精疲力竭。一名团级军官让他的士兵们躲在掩体下面——既避开友军也避开敌军——只是为了能够让他们睡上 24 个小时。盟军将作战队伍在卡昂与圣洛之间来回调动，使德军顾此失彼、疲于奔命的战略卓有成效，德军处处被动、屡遭重创。尽管克卢格继续将防御重点放在卡昂，圣洛附近的德国守军还是纷纷投降或是向着南方溃退。

由于莱尔装甲师几乎全军覆没，迪特里希 · 冯 · 肖尔蒂茨将军的第 84 军的左翼防线和欧根 · 迈因德尔的第 2 伞兵军的右翼防线的中间便留下一大块空当。美国的沙曼式坦克已从这里冲开了一个大口子。7 月 28 日早晨，克卢格知道他必须得将霍伊瑟尔留给他的断线缝合。希特勒已派驻守在法国南部的第 9 装甲师前来增援，但这支部队要到一个星期之后才能赶到诺曼底。万不得已，克卢格只得派埃伯巴赫的装甲西部集群的两个装甲师向圣洛以南的维尔河地区进发。发动这场进攻无异于以卵击石，但这显然是德国人在诺曼底战场上应付危机的典型风格。

当晚，在经历了与德国后防部队的一场激烈交锋之后，从佩里耶挥师南下的美国第 8 军占领了库唐斯。随后的两天里，在骁勇善战的乔治 · S · 巴顿中将的鞭策之下，向着从科唐坦半岛进入布列塔尼的门户阿夫朗什方向推进的第 4 装甲师进展神速。阿夫朗什位于一座 200 英尺高的峭壁之上，峭壁两边是两条自东向西流淌的河流，北边的一条是塞河，南边约 4 英里外的一条是塞吕讷河。自北面和东面而来的 5 条公路通过塞河上的两座桥交汇在一起。从阿夫朗什向南只有一条主要公路，该公路通过蓬托博特附近的一座桥跨过塞吕讷河，然后就像牛蹄子一样分成三瓣，一条向东，一条向南，一条向西。

德国人知道如果不守住阿夫朗什和蓬托博特，英军就会长驱直入挺进布列塔尼。但是霍伊瑟尔的莱尔装甲师已是弹尽粮绝。7 月 30 日傍晚，巴顿率领第 4 装甲师不费一兵一卒开进阿夫朗什，在该城以北数公里处他恰好从德国第 7 集团军的指挥部旁走过，但当时他竟懵然不知。德军的几位将军，包括霍伊瑟尔本人，此时已穿越美军的纵队向东逃到了莫尔坦。第二天，美军占领了此次行动的主要目标：蓬托博特大桥。让他们感到费解的是，这座桥居然完好无损。

得知阿夫朗什陷落的消息之后，克卢格电告第 77 步兵师师长鲁道夫 · 巴切尔上校，必须把这座城市——“我们防线的基石”——从敌军手中夺回来，并且“不惜一切代价守住”。巴切尔的第 77 步兵师，由于在 7 月的战事中损失惨重，在此之前刚被调到阿夫朗什以南的蓬托博特地区稍事休整。尽管面对强大的盟军显得势单力薄，但经验丰富、足智多谋的巴切尔上校还是设法筹措了 14 门自行火炮，并将最近收编的一些掉队士兵和第 5 伞兵师的余部归拢在了一起。带领着这支杂牌军，巴切尔居然初战告捷：趁着淫雨霏霏敌军飞机无法出行之机，他采取挨家挨户的蚕食政策，重新收复了蓬托博特。

然后，天光放晴，盟军的战斗轰炸机也随之呼啸而来。巴切尔的杂牌军被迫撤退，上校于是决定派人炸掉蓬托博特大桥。但工兵数次努力都未能穿过美军坦克和步兵的封锁线。最后，巴切尔只得忍痛放弃。德国空军在随后的一个星期里也做了多次努力，但均未能炸掉这座桥。

德军在科唐坦半岛上的防线崩溃了。7 月的最后一天，美军第 4 和第 6 装甲师共俘虏了 4000 名德国兵，随后赶来的几个步兵师也俘获了 3000 名德国兵。战斗轰炸机不断地在溃败的德军头上投掷炸弹，被炸成焦炭的车辆和被德军丢弃的设备不时堵住去路，使德军后撤的步伐更加艰难。

就这样，当 8 月来临的时候，美国人已蓄势待发，准备向布列塔尼发动进攻。8 月 1 日中午，乔治 · 巴顿被任命为刚刚奔赴前线的美国第 3 集团军的司令员，他带领这支军队立即投入了战斗（第 3 集团军——和现在由考特尼 · H · 霍奇斯中将率领的第 1 集团军一起——已成为布拉德利麾下的美国第 12 集团军群的一部分）。在战斗轰炸机和高射炮撑开的防护伞下，巴顿——这个被希特勒称为是“疯狂的牛仔将军”的人——扬起鞭子把 7 个师的人马（约 10 万人和 1.5 万辆车）在 72 小时之内赶过了塞吕讷河。由于第 6 装甲师已向西移至布列斯特，而第4装甲师向西南方移到了洛里昂和圣纳泽尔，在这里他们只遇到了一些散兵游勇。为了避免当炮灰，他们正争先恐后地向德军的防御重地布勒通港转移。

第3集团军大口地吞咽着法国的原野。但是按照传统的战争法则来说，巴顿显然有点操之过急，像这样孤军深入无疑是危险的。在他身后，只有北、东两个方向伸展着一张脆弱的通信网。此时，希特勒正在他设于东普鲁士的指挥部里俯身研究一张法国战场的形势图。看到图中盟军不断拉长的阵线，希特勒决定下令出击。“我们必须快如闪电，”他在8月2日对他的参谋人员说，“一旦打到海边，盟军的先头部队就会发现他们的

被击毁后正在燃烧的德国第21装甲师的卡车堵在法莱斯西北25英里处潘松山附近的公路上。这支护送军需品的车队在此之前遭到了为英国第2集团军提供空中支援的盟军飞机的袭击。

1944 年 8 月，一辆德国坦克在法莱斯附近被一辆加拿大坦克击中，滚滚地冒着黑烟。这场在法莱斯展开的恶战是交战双方的装甲部队在西线展开的规模最大的一场较量：盟军的 10 个装甲师对抗德军的 10 个装甲师——德军派出的装甲师的数量仅比 1943 年派出进攻苏联的库尔斯克的装甲师的数量少两个。

后路已被切断。”元首对正迅速向布列塔尼腹地深入的巴顿似乎并不担心——“姑且放他们一马。”希特勒的计划行动，将会是德军在诺曼底战役中发起的最后一次大规模反攻。

按照该计划，克卢格将把德军在诺曼底的 9 个装甲师中的 8 个从莫尔坦调往阿夫朗什，并向海岸方向发起进攻，然后再挥军北上夺取盟军的滩头阵地。希特勒相信这场兵力充足的反攻是“可以彻底扭转战局的唯一机会”。

元首的这个念头让克卢格和霍伊瑟尔不由得悚然

到8月中旬，撤退已成了在诺曼底作战的德军的唯一出路。下图中的这些德国兵一个个形容枯槁，他们正在法莱斯附近的一片森林里躲避盟军的飞机。另外还有成千上万名德国士兵，他们或者像左图中那名躺在一辆被击毁的装甲车旁的党卫队中士一样横尸野外；或者像对面图中那名满脸是血的掷弹手一样束手就擒。

心惊。在克卢格看来，武装部队最高统帅部的将军们显然都“生活在月亮上”，他赞成收复阿夫朗什，但只是为了在那里建立起一条新的防线。西线总司令担心这个计划失败的话，后果会不堪设想。到那时，即便是组织士兵向塞纳河畔的据点有秩序地撤退都会是困难的——甚至是不可能的。

但这一次，假使他不愿意违背希特勒的命令的话，那么他必须尽快采取行动，否则他的行军路线就会被美军完全切断。因为调集8个师需要相当长的时间，他决定将计划略作修改，把目前已在该区域的4个装甲师——第2装甲师、第116装甲师、党卫队第1阿道夫·希特勒冲锋队和党卫队第2装甲师利用起来。其中的3个师将向莫尔坦附近地区进军，另外的一个师将穿越塞河河谷，夺取阿夫朗什。希特勒对此提出了抗议，因为这4个师都不是整编师，而且总共只有250辆坦克，显然无法完成他的宏伟计划。不过最终他还是妥协了，同意进攻以这样的方式进行。

Luttich行动从一开始就注定要以失败告终。Ultra这一次再展神威，在它超凡的解码能力的帮助下，盟军一直在监听西部战区总司令部和武装部队最高统帅部之间的往来电波，而此时的布拉德利早已是摩拳擦掌、蓄势待发了。美军将派4个师阻断克卢格进入海岸地区的通路——第3装甲师和经过战火历练的第30师和第4师将承担主要的阻击任务，第2装甲师在必要时提供支援。这次行动和盟军在此之前计划的一次进攻恰好吻合。盟军并不打算派兵进攻布勒通港，相反他们打算利用德国守军的溃散坐收渔利。为了配合新的作战计划，巴顿将利用尽可能少的兵力扫清布列塔尼，然后率领第3集团军的大部分人马挥师向东部进发。与此同时，霍奇斯的第1集团军将向维尔河和莫尔坦之间地区的德军继续施压，在加拿大军队进逼法莱斯和英军向阿尔让当发起强攻的同时向东北方向推进。此举是为了将克卢格部署在塞纳河以西的军队装入盟军的包围圈，即使此举未能奏效，也要像推磨一样将他们碾至岸边，让他们无路可逃。正如布拉德利在前线向一位来访者所说的那样："对于一个前线指挥官来说，这是一个千载难逢的好时机。我们要让对手全军覆没。"

8月6日午夜，在莫尔坦北侧行进并已越过美军第30师的前哨的党卫队第2装甲师先锋队遭遇美军步兵和一个装备有攻击武器的反坦克营的拦截。德国人损失了14辆坦克。沿塞河南岸向阿夫朗什方向进发的德军第2装甲师也在中途遭遇盟军士兵的阻击。而身经百战的党卫队第1装甲师这次几乎还没上路就被美军第3装甲师打得动弹不得了。

# 在法莱斯的盟军包围圈

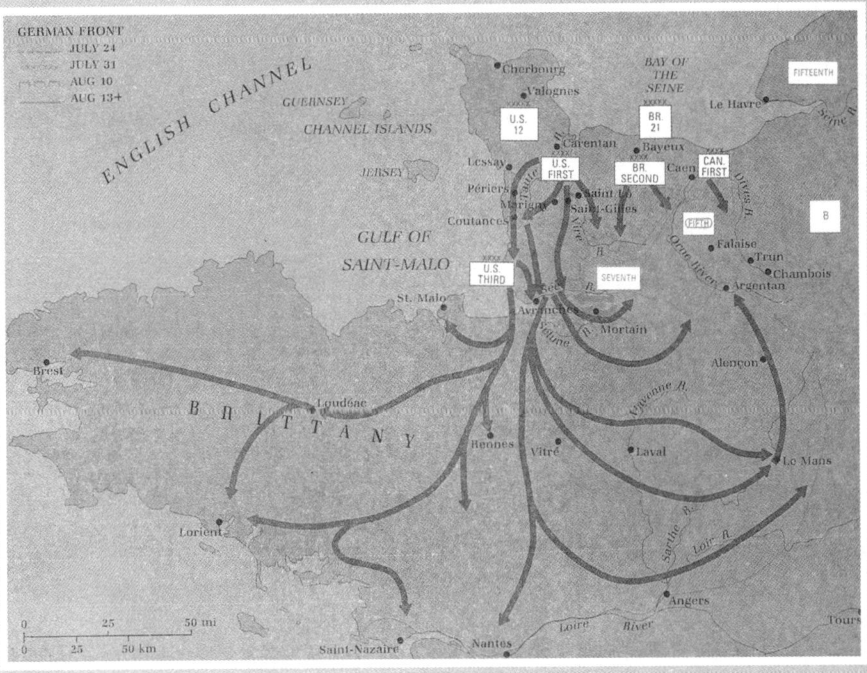


7月25日，美国人在圣洛以西冲破了德国第7集团军拉得过长的战线，在泰西－南－维尔歼灭了德国84军的大部分人马并且强迫克卢格将他剩余的两个装甲师向西转移。8月6日，克卢格在莫尔坦发动了一次强有力的反攻，但是并不成功。与此同时，美国第1集团军的布拉德利中将派两个装甲军挥师南下。到8月13日，盟军已经几乎把霍伊瑟尔的第7集团军和泽普·迪特里希将军麾下的第5装甲集团军围在了法莱斯附近。德国装甲部队的大部分人马在阿尔让当附近的一个缺口处冲出了包围圈；5万名德国兵投降，1万名丧生。

拂晓时分，美国第 2 装甲师发起了反击。在来自英军第 2 战术航空队的雷电战斗机的协助下——该队当天共起飞 294 架次，美军将德军第 2 装甲师的坦克打得只剩下 30 辆。德国地面部队的指挥官们纷纷把目光投向天空，寻找他们自己的空中保护伞——但事实再次证明这只是徒劳。德国空军确实已受命从巴黎起飞，但还未飞离基地上空就遭到了盟军战斗机的袭击，结果没有一架飞抵阿夫朗什附近的战场。

8 月 7 日下午三四点钟，克卢格决定停火。但希特勒在狂怒中却命令他继续增派坦克并发起新一轮的进攻，并将进攻日期定在了 8 月 9 日。克卢格认为此举根本不会奏效。“对阿夫朗什发动进攻只会导致整个诺曼底防线全线崩溃。”他对汉斯 · 埃伯巴赫将军这样预言道。埃伯巴赫麾下的第 5 装甲师当时得到的任务是在更北边的法莱斯附近阻止盟军的进攻。

正当克卢格和霍伊瑟尔极不情愿地准备服从希特勒的命令的时候，蒙哥马利向法莱斯方向突然发动了进攻。盟军将此次行动命名为“终结行动”。加拿大第 1 集团军的两个装甲师将担任此次行动的先锋，紧随其后的将会是一场规模不亚于眼镜蛇行动的地毯式轰炸。尽管连续遭到盟军的重拳出击，但德军的地面部队表现得仍然十分顽强，以致蒙哥马利在两天的激战后不得不因军队伤亡过重而宣布暂时休战。终结行动虽没有达到终结的目的，但盟军的装甲师借此占据了战场上有利位置，现在它们可以从后方直接威胁驻守在诺曼底的德军了。

德国人在法莱斯取得的胜利终究是昙花一现。霍伊瑟尔的第7集团军和埃伯巴赫的第5装甲集团军在经过这场战役后简直是惨不忍睹。得以幸存的步兵们衣衫褴褛，装甲师的士兵们也处境堪怜。“这些在战斗中被打散的队伍多半情况很糟，”霍伊瑟尔在写给克卢格的一份报告中指出，“多数士兵没有头盔，没有腰带，只能穿着破靴子。还有不少甚至只能打赤脚。”除了缺吃少穿和不得不露宿野外，他们还得时刻提防伺机报复的法国人。“仇恨和恐怖主义活动正在升级。”霍伊瑟尔写道，他认为正是“敌人的制空权”使得他的军队陷入如此窘迫的境地。

德国人正面临被包围的危险。尽管遭遇到顽强抵抗，蒙哥马利的第21集团军群还是尽力向南推进以阻断德军向塞纳河撤退的路线；同时，布拉德利的第12集团军群——正以巴顿的第3集团军的快速推进的模式——挥师北上准备与之接应。盟军的空袭力度在这整个过程中从未减弱。公路上到处堵的是被击毁的德国军用卡车和在溃逃过程中被击毙的德军士兵。“8月13日，”一个德国士兵写道，“我已一无所有，除了背上的破烂行囊，我只知道自己还活着。”

但德国人仍然没有放弃。在法莱斯，60名来自党卫队第12装甲师的年轻士兵潜伏在一所校舍里负隅顽抗。连续3天，来势凶猛的加拿大人都未能踏入这座小楼的门槛。8 月 17 日，加拿大人终于攻下了这所校舍。他们在里面发现了56具尸体，其余的4人也已遍体鳞伤、奄奄一息。

两天前，由于盟军的包围圈越收越紧而希特勒又执意不肯下令撤退，克卢格决定亲临战场视察。途中他的座车遭遇了盟军飞机的袭击，车上的通信设施受损，因此在后来的数小时内与各作战单位都失去了联系。等他返回司令部时，已经是午夜时分了。一直以来疑心都很重的希特勒于是得出了一个结论，克卢格的失踪表明这位陆军元帅已经站到了敌人的那一边，于是他决定取消克卢格的指挥权。8 月 17 日，陆军元帅瓦尔特 · 莫德尔从东部战场赶来，他将取代克卢格出任西线总司令及 B 集团军的指挥官。克卢格神色黯然地与他的参谋部成员道别，然后驱车返回德国，在那儿迎接他的将是盖世太保的冰冷面孔和一纸逮捕令。当车行至凡尔登和梅斯之间的时候，陆军元帅咬破了一粒氯化钾胶囊，服毒自尽。

在临终前下达的最后几道命令里，尽管知道希特勒一定会暴跳如雷，克卢格还是冒险决定让霍伊瑟尔疏散第 7 集团军的摩托化运输部队和其他非作战部队。但他无法进一步做出全面撤退的决定。正像以前曾经发生的那样，莫德尔，希特勒的心腹爱将，一到前线就意识到了问题的严重性，他没有和希特勒商量就直接下令全面撤军。然而，到这时候，唯一可以从这个可怕的包围圈里安全撤出的路线已由原来位于法莱斯附近的20英里宽的通途缩成了位于特兰和尚布瓦之间一条仅6英里宽的狭窄通道。

8月19日，盟军铁钳的两个钳头——加拿大第2集团军和美国第3集团军分别从北向南和从南向北抵达尚布瓦，德军的退路更窄了。被装进这只布袋里的有10万名德国士兵，他们分别是两个集团军和4个军的作战部队的残部。在绝望之中，霍伊瑟尔命令所有尚有作战能力的作战单位“依靠自己的力量突围”，正像他的一名将军描述的那样，伸长了脖子拼命地向东面逃。他们的目标是位于特兰和尚布瓦之间的约3英里长的迪沃河岸。由于道路上堵满了被炸毁的机动车辆和马拉的运输工具，德军举步维艰，很容易成为盟军大炮和战斗机的袭击目标。这场屠杀的惨烈程度是骇人听闻的。“我的战友们像苍蝇一样成群地死去，”一名德国士兵写道，“只有上帝知道我们是如何逃过这场浩劫的。”一个亲眼见过这个场面的美国人在几天后这样形容道：“就像是一个复仇天使振动双翼横扫了这一地区，所有与德国有关的东西都碎成了齑粉。”

德军的指挥官们尽最大的可能带领他们的士兵突围。霍伊瑟尔和第2伞兵军的欧根·迈因德尔将军带领4000人以及相当数量的坦克和军用卡车渡过了迪沃河。党卫队第12装甲师指挥官，坚不可摧的库尔特·迈尔，也做到了这一点，他奋力游过了到处漂着被河水泡涨了的死人和死马的迪沃河，和他一起死里逃生的还有200名士兵，他的整个师就只剩下这些人了。迈尔后来回忆道，上岸之后，他曾“回过头去，大声地诅咒那些让德国人整整牺牲了两个集团军的人马的蠢猪”。

从法莱斯之围中撤出的德军人数在2万人到4万人之间。整整6万人被抛在了河的那一边——他们或死或伤，或成了盟军的俘虏。一直让德国人引以为荣的莱尔装甲师和党卫队第12装甲师尽管不能说是全军覆没，但实际上也已名存实亡。

即使处于一片混乱之中，一息尚存的德国军队仍然保持着他们严明的纪律。在迪沃河以东10英里处的奥维勒附近，迈因德尔的一名军官问他：“现在怎么办？”迈因德尔简短地答道：“塞纳河。”经过重新整合后，第2空降军以惊人的秩序撤离该地区，并设法赶到了塞纳河畔的卢维耶。其他几支部队在鲁昂附近会合。

然而，希特勒要在塞纳河畔击退盟军的想法只不过是褪色的幻影。德国人没有堡垒，没有大炮，没有受过训练的新兵。何况，在从法莱斯之围中撤出的德国残部到达塞纳河畔之前，巴顿和他的装甲兵已经控制了巴黎西北的河岸地区。不久，美国人开始在芒特渡河。巴顿的另外一支先头部队，起初在沙特尔因为一场战斗而受阻——该部奇迹般地将城中那座著名的教堂完好无损地留在了身后——现在赶到了距巴黎东南100英里处的特鲁瓦。

## 向塞纳河畔冲刺

1944年8月19日至20日，有2万名至4万名40德军从法莱斯突围，并向东北方70英里外的塞纳河畔一路急行军，德国最高统帅部希望能够在这条河的东岸建立起一条新的防线。尽管数以千计的德国兵在逃跑途中被尾追的盟军纵队追上，还有数目更多的德国兵死于盟军飞机的炸弹和机关枪下，但在党卫队将军泽普·迪特里希的领导下，德国组织起了一支后备军，从而没有被完全击垮。

溃逃的德军纷纷涌至鲁昂附近的渡河地点，随军工程师们开始匆匆搭建浮桥、搜寻渡船，并将所有能够飘浮的东西捆绑在一起。一些士兵乘坐的筏子是用从附近农家找来的水桶或是用电话线把圆木捆扎在一起做成的。但尽管如此，还是有一些士兵不得不游过河去。到8月27日，大部分德军已转移到河对岸。

多雨的天气使得盟军的飞机无法正常飞行，从而使德军获得了喘息的机会，然而，为了渡河，德军不得不丢掉了几乎所有的坦克、大炮、卡车和半履带车。“若从丢弃的装备量来看，”泽普·迪特里希后来说，“横渡塞纳河所带来的损失一点也不亚于法莱斯被围。”

几名从法莱斯之围中逃脱出来的德国士兵乘着一辆虎式坦克向塞纳河方向进发，此时他们正途经位于鲁昂西南方14英里处的布特鲁尔德村。

## 在绝望中挣扎求生

几名德国兵正准备用一艘摩托艇把一个草草扎就的载着一辆军车的木筏拖过河，他们的几名战友，只穿着短裤，在旁边帮助保持平衡以防止车子翻进河里。

两名党卫队装甲师的手榴弹手站在布特鲁尔德村中的一个广场旁，希望能够搭一段便车，在他们旁边有一尊“一战”时的法国士兵的雕像。旁边的一大堆乱七八糟的路牌中的一个标明这是专为老弱病残的士兵划定的区域。

一门 88 毫米火炮和两辆半履带式装甲车被撤离的德军捣毁后丢弃在鲁昂码头的瓦砾之中。

一队隶属于党卫队第9装甲师的坦克兵抬着一副棺材，里面躺着的是他们的团长、陆军中校奥托·迈尔，迈尔之前在迪克莱尔镇丧生。走在队伍前面的那名军官手捧着迈尔生前获得过的勋章。

法莱斯一役胜利后几天，盟军的大队人马开始向法国的首都进发，德怀特 · D · 艾森豪威尔将军也走在人流之中。当路经尚布瓦附近的那片杀场时，他不由得驻足观望，在他眼前到处是被击毁的坦克、弹药箱和大炮——这些金属的战争纪念物将城中的狭窄道路塞得水泄不通。当然更可怕的还是人与人之间的杀戮。“部队一次只能行进几百码，脚下除了已经开始腐烂的死尸外别无他物。”盟军的最高统帅这样写道。在尚布瓦，他听到柏林广播电台正在播送一条消息，据消息说法莱斯一役是德国军队取得的一次伟大胜利。

当德军在诺曼底的惨败命运已经变得不可逆转的时候，盟军在法国的韦尔马克发动了第二次进攻，给予当地德军最后的致命一击——再次展示了盟军似乎取之不尽、用之不竭的人力和物力。此次的“龙骑兵行动”原本命名为“铁砧行动”，按原计划是要和在诺曼底发起的“霸王行动”同时进行的，进攻地点是法国的里维耶尔。但是由于缺乏足够的登陆船只，艾森豪威尔不得不将它推迟了两个多月。英军倾向于取消此次行动，然后将人力和物力储备用于支援意大利战场。但美国人坚持说夺取马赛港对于西欧战场来说是至关重要的。另外，在 1943 年 11 月召开的德黑兰会议上，盟军曾经答应过斯大林会向法国南部进军，而美国总统富兰克林 · D · 罗斯福不想食言。尽管丘吉尔自始至终都持反对意见，但美国人最终还是占了上风，第二个登陆日被定为 8 月

15 日。

德军高层自前一年冬季以来一直在期待着这次进攻，而且相应地加固了他们的海岸防御工事。但人手和装备是一个大问题。自盟军在诺曼底登陆之日起，一场自南向北的军事大输血就开始了。到 7 月末，约翰尼·布拉斯科维茨将军率领下的 G 集团军群——主要由第 19 集团军构成——已经奉命将两个师——党卫队第 2 装甲师和第 9 装甲师派往法国北部支援 B 集团军群作战，在南方只留下了第 11 装甲师留守。著名的第 11 装甲师曾经因其快如闪电的行军速度和英勇善战而被称为“幽

在“龙骑兵行动”的第一个阶段中被俘的德国战俘正在美国兵的押送下走过法国的里维耶尔海滩，海滩边上停靠着一大排上面已空无一人的登陆艇。由于没有强大的德国海岸守军的阻碍，美国和法国军队以惊人的速度向内陆推进。

灵师”，当时由于在东线战场上元气大伤正在休整之中。到 8 月上旬，该师的兵力恢复到原来的一半左右，拥有 25 辆 IV 型和 50 辆 V 型坦克；除了原有的老兵以外，新补充进来的人手多是没有作战经验的新兵。而且不论情况如何危急，布拉斯科维茨都无权直接调用第 11 装甲师。希特勒将此项权力交给了武装部队最高统帅部，也就是说只有他自己才有调用这个师的权力。

在地中海沿岸，布拉斯科维茨和第 19 集团军指挥官弗里德里·维泽将军可以指望的只有 3.4 万名步兵，这些步兵分属于实力参差不齐的 8 个师。其中一个师曾在诺曼底遭受重创，另一个则在俄罗斯战场吃了不少苦头。更何况有 1/3 的人只在训练场上拿过枪。另外的 17 万人驻守在距海岸线有几天路程的地方。由于帝国的兵源已近枯竭，所以第 19 集团军的新成员们看上去五花八门。除了为数不多的一些年轻新兵之外，大多数已年近四十，另外还有不少是东部战场征募来的战俘，其忠诚度是大可怀疑的。此外，布拉斯科维茨还有一个后备师，第 157 师，这是一个整编师，却驻扎在东北方距盟军可能发动进攻的地点有 150 英里之遥的格勒诺布尔，而且缺少可使其快速转移的机动车辆。

7 月，盟军的空袭进一步升级，为了使德军猜不出其真正的进攻目标，盟军自 4 月以前就不停地四处抛掷炸弹。在 3 个月时间里，盟军飞机共执行轰炸任务 6000 架次，打击范围已向内陆扩展至莱昂斯，重点轰炸公路、桥梁和德军的军火库。自莱昂斯向南至地中海的区域内，横跨在罗讷河上的6座铁路桥被毁；莱昂斯至阿维尼翁之间的所有双轨铁路都至少有两处被炸断。随后，在龙骑兵行动正式发动前的5天里，为进一步迷惑敌军，盟军飞机在里维耶尔海岸抛下无数炸弹，一天内飞行达1000架次，轰炸范围自塞特港一直延伸到意大利的热那亚。像在诺曼底一样，德国空军几乎完全没有还手之力。负责法属地中海沿岸防御的第2空军师，总共只有不超过130架飞机。即便把驻守在法国西南部和意大利其他地区的德军的所有飞机加在一起，其总数也不超过250架，这种状况被英国空军元帅约翰·斯莱瑟总结为“根本不堪一击”。

希特勒的军队在水中像在空中一样处于劣势。8月6日一场长达8小时的空袭过后，德军在土伦仅存的7艘潜艇被击沉了4艘，之后整个舰队只剩下3艘潜艇、1艘驱逐舰和一些小船，而他们即将面对的是盟军由880艘军舰和1370只登陆艇组成的水陆两栖部队。在3个战场上——诺曼底、苏联和意大利——连遭惨败之后，德国人击退这次新的进攻的可能性可以说是微乎其微。

8月15日——拿破仑的生日——9000名盟军伞兵在距登陆海滩12英里外的勒米附近的3个不同地点定点降落，这里是来自土伦、戛纳和阿维尼翁的公路的汇合处。同时，在土伦附近，一支由6架盟军飞机组成的飞行中队在德国人中间丢下了500个身背降落伞的假

人，假人身上装有可发出像轻机枪扫射一样声音的电子装置，这些“空降兵”在德国人的营盘里引起一片混乱。黎明前，突击队队员们首先从此次进攻的左翼向内基角和克罗港岛发动突袭，然后，正式的水陆两栖登陆在6个不同的地点同时开始，战线自盟军西翼的卡瓦莱尔向东一直延伸至戛纳附近的圣拉斐尔。

尽管德国人事先已猜出大致的登陆地点而且已获知盟军发起进攻的确切时间，但却仍然束手无策。布拉

美军的滑翔机就像是一群大鸟降落在距离戛纳海滩12英里外的李－穆依附近的一个葡萄园里。在8月15日黎明前的几小时里，这些滑翔机将美国第1空降特遣部队的士兵们送抵该地，他们的任务是占领附近一个重要的公路枢纽。

斯科维茨想尽办法，但还是只能将1.2万名士兵稀稀落落地布防在70英里长的海岸线上，而盟军的首批登陆队伍就比他们的人数要多出6倍。因此守住这条防线的所有希望就落在第11装甲师的身上，但武装部队最高统帅部直到8月13日才下令该师自图卢兹附近的驻地向罗讷河以东转移。由于一路上不断遭遇盟军的空袭，加上桥梁被毁以及法国抵抗组织的破坏，当进攻打响时第11装甲师离前线还相距甚远。

尽管无论在人数上还是在武器上都严重处于劣势，法国南部的德国守军还是拼死抵抗。在卡瓦莱尔海湾，他们用机关枪和轻型武器迎击盟军，在一个小时之内，就使盟军不得不偃旗息鼓又退回了海里。在圣特罗佩和圣马克西默，情况也大致相同：德国人奋力拼杀，直到弹尽粮绝才撤退。

在普罗旺卡尔海滩东北面1100英里外希特勒设于东普鲁士的司令部里，气氛是晦暗凝重的。阿尔弗雷德·约德尔将军，武装部队最高统帅部作战指挥部部长，看到“元首憔悴的面容和掩饰不住的忧伤”不由吃了一惊。自“龙骑兵行动”打响的那一刻起，6个小时已经过去了，德国人的前景不容乐观。自前线发来的快报一封接一封被送到希特勒的手中，封封都是坏消息，而且一封比一封糟糕。所有人都在等着元首勃然大怒，然而与以往不同的是，元首看上去似乎变得越来越淡漠，而且也失去了往日的决断力。最后，当会议结束时，他告诉约德尔说他会“考虑法国战场的局势并采取相应措施以备不测”。

局势在迅速恶化。到8月17日，盟军登陆人数已达8.6万人（最后的总人数将达到38万人），大小机动车辆1.2万辆，军需品4.6万吨。一些作战单位登陆后发现几乎无人防守，于是干脆一口气向内陆挺进到15英里以外的地方——在两周前的诺曼底登陆战中这是需要两周时间才能实现的距离。至此，希特勒终于下令德国国防军自法国南部全线撤退。

美军兵分两路，分别向北和向西继续向内陆推进以阻断德军往罗讷河谷方向去的退路。同时，“自由法国”抵抗力量在让·德拉特·德塔西尼将军的带领下已开始自内陆向海岸地区进发。法国人的任务是拿下土伦和马塞，然后迅速赶往罗讷河西岸。一支从诺曼底赶来的盟军将向罗讷河谷进发与之会合从而将德国的第19集团军装入包围圈。

要拿下土伦和马塞并非易事。尽管希特勒已下令全线撤退，但他还是下了一条死命令：港口守军必须坚守，哪怕“只剩下最后一个人”。这些已无路可退的士兵把元首的话牢记心中。驻守在马赛港的第224步兵师在汉斯·谢弗少将的带领下奋勇抵抗。他们充分利用可利用的一切处处设防，包括离岸不远的壁垒森严的小岛、纵横交错的路障和遍布市郊的反坦克地雷。整整两个星期，他们在美国内华达号战舰的重炮和美军第12航空队的中型轰炸机的狂轰滥炸之中坚持作战，多次击退自由法国抵抗力量的进攻。但只凭英勇显然是不够的：到8月27日，几名退守在马赛港码头负隅顽抗的德军士兵被盟军包围；次日，他们放下武器，举手投降。

德国第19集团军的大队人马开始撤离海岸地区，撤退过程中规模最大的一次战斗发生在蒙泰利马尔隘口，这是一条狭长的山谷，位于阿维尼翁以北40英里处。在那儿，为了保障大军的后撤路线，第11装甲师、第198和第338步兵师连续8天与盟军展开激战。德国的一个步兵连，在几辆坦克的帮助下，向位于罗讷河的一条支流上的伯里奥发起佯攻。这场佯攻转移了盟军的注意力，使得第198师的一个营在6辆虎式坦克的火力支持下得以穿破了美军在北面设立的防线。未等盟军补好这个缺口，已有相当数量的德军涌了出去。直到8月28日，美国第6军才设法堵住了德军在罗讷河的后撤路线。不过，截至这一天，他们俘获的德军人数已达5.7万人。

在盟军取得法国南部港口设施的控制权的几天前，他们意外地收到了一份大礼，不过这份大礼也恰恰正是他们一直以来极力回避的，那就是巴黎。出于战略上的考虑，法国的首都其实一直都不在艾森豪威尔的直接攻击目标之列。原因有几个。首先，向巴黎直接发起攻击势必会牵制盟军的力量，使之无法全力追歼德国的第7装甲集团军和第5装甲集团军。其次，解放巴黎将置

200万巴黎市民于盟军的保护伞下，而艾森豪威尔将不得不为他们的衣食担忧。最后，还有政治上的考虑。艾森豪威尔不想卷入法国政坛左右两翼的权力之争。但如果他让夏尔·戴高乐将军——法国流亡政府的实际领导人，高奏凯歌踏入巴黎城，那么他将不可避免地卷入这场纷争。

因此盟军的最高指挥官原打算绕过这座城市并将它包围起来，然后等待困守此城的德军自动投降。而盟军的大部分人马将继续行进，尽量节省每一滴汽油以便能在冬季到来之前赶到他们的主攻目标——莱茵河上的一个桥头堡。正如布拉德利将军在论及当时的局势时所说的那样，巴黎原本“只不过是我们进攻地图上的一个墨点而已”。但是人算不如天算，最后，盟军还是不得不提前解放了这座“光明之城”，除非想眼睁睁地看着它被毁灭。

事实上，这座城市真正的救主恰恰是一个本来最不可能担当这个角色的人：迪特里希·冯·肖尔蒂茨将军，他曾是驻守科唐坦半岛的第84军的指挥官。8月上旬，大约在希特勒命令克卢格在莫尔坦发起反攻的同时，他任命肖尔蒂茨为大巴黎防区的总指挥官。在他的各项职责之中，其中一项是整饬军纪：由于远离前线的硝烟，这里的驻军已开始习惯于一种轻松闲适的生活，他们的日常工作似乎就是把城中的法国平民玩弄于股掌之间。不过，他要承担的最重要的一项任务还是要避免巴黎落

1944年8月24日，几名法国警察手持缴获来的步枪在土伦港附近一个军械库的废墟中寻找德国人。在此之前，盟军的一艘驱逐舰从地中海上向这里开炮，击毁了这座建筑，驻守其中的400名德军一半以上毙命，僵卧在照片前景部分的那名士兵便是其中之一。

入盟军之手。

肖尔蒂茨是一位典型的普鲁士职业军人，他曾参加过血腥的塞瓦斯托波尔之围，后来在德军从乌克兰撤退时曾带领一个师担任后卫，途中他一丝不苟地执行希特勒的焦土政策。“这就是我的命运，”肖尔蒂茨一次评论说，“掩护我们的队伍撤退，然后摧毁落在后面的每一座城市。”

德军设于塞纳河下游的鲁昂港的一个高射炮炮台上的守兵正向着天空搜寻盟军战斗轰炸机的影子。鲁昂是德国人在法国的最后一个据点，也是法国内陆一个重要的港口，它是最重要的海运和河运中转站，从英吉利海峡驶来的海船和向着巴黎方向行驶的江轮都要从此经过。

正因为有着无可指摘的忠诚记录，这位将军在巴黎的所作所为才显得分外离奇。

奉命从支离破碎的诺曼底前线赶回希特勒在东普鲁士的司令部，肖尔蒂茨原以为会像一年前与元首的那次会晤一样大受鼓舞。他来了，正像他后来回忆的那样，是为了“再次被说服，以坚定德国人仍有机会扭转战争进程的信心”。

然而此次会见却让他大失所望。忧心忡忡的希特勒先是用一种近乎耳语的低沉腔调东拉西扯，然后突然间抬高音调，像个疯子一样大叫德国新研制出的超级武器将如何彻底扭转诺曼底的战局。终于恢复平静后，他

德国士兵的尸体横卧在鲁昂街旁的人行道上，旁边是一辆燃烧的军车和被炮火击落的树木的残枝。加拿大第1集团军于1944年8月30日解放鲁昂。

命令肖尔蒂茨管理好巴黎，尽管这座城市已经被装入了盟军的包围圈；他还要求肖尔蒂茨“毫不容情地消灭”城中的一切起义和叛乱行径。离开会议室时，肖尔蒂茨不仅丝毫未获鼓舞，反而充满了疑惑。“我完全被吓坏了。”他后来写道。在他看来元首似乎已经完全疯了。

当肖尔蒂茨到他的新任所就职的时候，艾森豪威尔正集中兵力从诺曼底地区一路冲杀而来并风卷残云般地向着德国的方向进发。盟军节节获胜的消息传入巴黎城，形形色色的左翼和右翼政治力量都开始行动起来，反抗从地下转到地上。如果200万巴黎市民决定公开起义，那么肖尔蒂茨和他那只有5000名士兵的小小兵营就真的是回天乏术了。

8月10日，由共产党人领导一场罢工在一个铁路大院里展开，然后迅速升级；只几天工夫，进出巴黎的所有铁路都陷入瘫痪。这是自1940年德国军队进驻巴黎以来发生的首次大规模罢工，由于卷入这股怒潮之中的人数越来越多，肖尔蒂茨下令解除巴黎警察的武装。当他的部下执行此项任务时，人数有两万人之众的巴黎警察队伍实际上也已加入到罢工的行列之中了。8月15日，巴黎地铁停运，几乎已经没有人再去上班了，市民们成群结队地聚集在巴黎圣母院外收听盟军在法国南部登陆的消息，各阶层的抵抗力量迅速膨胀。

在整个暴动期间，尽管肖尔蒂茨一再接到要摧毁这座城市的命令，他却一直按兵不动，只是一再向巴黎市民发出警告。8月14日，陆军元帅克卢格派西欧战区总司令部参谋长，京特·布卢门特里特将军，给他带来了武装部队最高统帅部的新指令，按照该指令德军将对这座城市实行“有限范围内的焦土政策”，也就是摧毁该城的公共设施并有选择性地炸毁一部分工厂。该计划的第一步将立即执行。

肖尔蒂茨拒绝执行命令。他指出，至少就目前而言，巴黎的公共设施对德国守军而言和对巴黎市民一样重要。随后的质询来自武装部队最高统帅部作战指挥部部长约德尔。武装部队最高统帅部已派出一批爆破专家，他们将由维尔纳·埃伯纳赫上尉带队，在塞纳河上的每一座桥梁上都埋上地雷。后来元首本人发话了，他需要一份有关此事进展情况的报告。肖尔蒂茨向约德尔报告说埋雷工作尚未完成，而且把他对布卢门特里特曾经说过的反对炸毁这座城市的理由又陈述了一遍。约德尔警告他说希特勒是不会收回成命的，但肖尔蒂茨总算为巴黎赢得了缓刑的机会。

正当大巴黎防区的指挥官极力拖延时间的时候，埃伯纳赫和他的工作队已经开始执行他们的爆破任务，他们四处安放炸药。看着埃伯纳赫在他面前铺开的那张巴黎地图上预示着可怕的血光之灾的“红叉的海洋”，肖尔蒂茨意识到这座光辉灿烂的城市已经是在从死神手里借时间了。然后，8 月 17 日，他收到克卢格签署的命令——这位陆军元帅于几小时之后被解除了西线的指挥权——“谨以此令命你执行摧毁巴黎的计划。”

令人难以置信的是，肖尔蒂茨仍然没有采取行动，而且是夜，面对克卢格的继任、陆军元帅莫德尔的诘问他仍然坚持自己的意见。他对莫德尔说炸毁巴黎不仅会激怒当地居民，而且会使抵挡盟军进攻的防御任务完全失去可能。莫德尔同意再次延缓此命令的执行，但在会谈结束时他对肖尔蒂茨说：“如果我们败局已定，这座城市一定要被摧毁。”

8 月 19 日，正当加拿大人和美国人在法莱斯收紧包围圈的时候，一场全民性质的起义在法国首都展开。不断壮大的抵抗组织的成员们投掷“莫洛托夫鸡尾酒”

（一种自制燃烧弹）焚毁城中仅存的几辆德国坦克。德国人用机关枪予以还击，于是在卢森堡公园附近爆发了一场激烈的战斗。肖尔蒂茨手下人数不多的驻防部队中至少有 50 人丧生，100 人受伤。这位历经战火洗礼的将军把他的士兵都集中在了遍布全城的要塞里。

肖尔蒂茨为巴黎问题的解决做了不少斡旋工作。8 月 20 日，他接见了瑞典总领事、国际红十字会代表拉

一名美国士兵从布列斯特市郊一辆被击毁的吉普车前冲过，布列斯特是布列塔尼西端一个重要的法国港口城市。作为重要的港口和德国人的潜艇基地，此地被列为希特勒下令死守的城市之一。但负责驻守该市的3.8万名德军，在赫尔曼·拉姆克将军的带领之下，于1944年9月19日向美国第8军投降。

乌尔·努德林，会谈中他接受了停火的建议——但是他明确表示不希望“停火协议中出现自己的名字”。实际上在会见的前一天，肖尔蒂茨已经做出了友好的表示，同意释放由德国人关押的4213名法国囚犯。现在，他又下达了一道甚至更富深意的命令：他释放了法国抵抗组织中地位仅次于戴高乐的领袖人物——亚历山大·帕罗迪。

肖尔蒂茨正颤颤巍巍地走在钢丝索上。尽管至此已实现部分停火，但他仍然时时感受到来自上层的要求恢复秩序和炸毁这座城市的压力。“我们的任务很艰巨，”当晚肖尔蒂茨在给他妻子的信中写道，“日子越来越艰难。我总是力图恪尽职守，但又忍不住时时向上帝求告，希望他能够告诉我到底路在何方。”

然而，对希特勒而言，该走哪条路显然根本不成其为问题。他在当天颁发的命令中没有留任何可供商量的余地：“在历史上，巴黎的陷落总意味着法国的陷落，”他断言道，“绝对不能让巴黎落入敌人的手中，除非它已化为一片废墟。”“我们为什么要关心巴黎是否被毁，”他对约德尔说，“就在此时此刻，敌人正在德国各地用炸弹摧毁一座又一座的城市。”

与此同时，艾森豪威尔也正为是否应该改变战略而承受着巨大的压力。8月22日，他在写给美军总参谋长乔治·C·马歇尔将军的一封短信中描述了他的两难处境：“如果敌人确实打算以相当的兵力守住巴黎，那么就会对我们的侧翼形成长期威胁。但如果他们只是做些官样文章，那么无论我们是否喜欢它都会落在我们的手里。”考虑到法国首都的象征性意义，艾森豪威尔最终决定改变策略，名义上他将此次行动说成是向城中的抵抗力量提供支援，从而从军事的角度论证了此次行动的合理性。

他指派法国第2装甲师，作为先头部队攻入巴黎。该师由雅克·勒克莱尔将军率领，共带有2000辆大小车辆和1.6万名士兵。美国第4步兵师将在右翼给予配合。目标是在8月23日午后以尽可能快的速度攻入巴黎城，因为此时正是城中敌我两派之间脆弱的休战协定到期的时候。

解放大军在首都的南面和西面意外地遭到了顽强抵抗。勒克莱尔命令一支坦克和半履带车小分队率先向巴黎进发。一些巴黎市民为他们充当向导，他们将以前为了牵制德军而故意横在道路上的树木搬走并修补捣毁的路面，小分队在当晚跨过塞纳河进入巴黎。

在巴黎市郊，盟军并没有遇到多少抵抗，但在巴黎城内，肖尔蒂茨和他的守军起初却并没有投降。几场激战过后，还有2600名德国兵躲在市中心以西6英里处一片森林里。最后，正式停火的时刻终于到来了。8月25日午时许，法国坦克包围了肖尔蒂茨设在默里斯饭店的指挥部。将军从容被捕。在法国卫兵的护持下，他快速穿过讥讽的人群，来到了巴黎警察署，并在那里

1944 年 8 月 26 日，巴黎解放的第二天，在检阅过第 2 装甲师的军容之后，夏尔·戴高乐将军（中，右）在雅克·勒克莱尔将军（中）的陪同下沿着举行胜利大游行的香舍丽榭大街走去，以庆祝 4 年纳粹统治的结束。

签署了投降书。

巴黎城内的德军据点被逐个击破。最后一批投降的德军包括 6 英里外的守军：8 月 26 日，在戴高乐将军和勒克莱尔将军为胜利而举行的阅兵式结束后不久，他们举起双手走出了树林。3 天以后，美国第 28 师雄赳赳气昂昂地开进巴黎城，旨在为刚刚宣布自己为法国临时政府总理的戴高乐将军壮壮声势。在所有反映那个时代的好莱坞电影中，战争都是以这样一个壮丽辉煌的场面结束的。但事实上，直到这天晚上，从布拉德利和戴高乐将军的阅兵台前走过的士兵仍在不停地行军并不时地投入战斗。战争还远远没有结束。

8月逝去，9月来临，美国军队已挥师北上并沿瑞士的西部边境向北推进了相当长的一段距离。9月初，在乔治·巴顿的督促之下，第3集团军的先头部队已经跨过默兹河并向着梅斯方向进发。

由于盟军的力量已集结在德国的边界上作势欲扑，后撤已没有什么意义了。德军B集团军群和G集团军群的残部掉转头来沿西北－东南方向穿过阿尔萨斯－洛林组织了一条新的防线，这条防线在登陆日时曾是西欧战区总司令部的后防线。在其间的几个星期里，德国人在西线共失去30万名士兵，和总数为2200辆的坦克和火炮；而德国人在6月6日投入战场的坦克和火炮总数是2300辆。面对迅速枯竭的能源，希特勒把希望都寄托在了鲁尔工业区上。而鲁尔正是盟军的下一个攻击目标。

## 一名纳粹将军拯救巴黎的计划

肖尔蒂茨将军在东部和西部战场上都战功赫赫。他在荷兰带领一个营，在克里米亚带领一个团，在乌克兰带领一个师，在诺曼底则带领一个军。

1944年8月，巴黎的命运悬于一线，线绳的一端握在迪特里希·冯·肖尔蒂茨的手中。这位久经沙场的老将是元首经过反复斟酌后任命的大巴黎防区的军事指挥官，在过去29年的军事生涯中，他一直以无条件地服从命令而闻名。8月9日，肖尔蒂茨搬进了他设于里沃利大街的气派典雅的默里斯酒店的司令部，并且受元首之托开始执行“守卫及管理这座作为通信中心的城市”的任务。

但当盟军像潮水一样向巴黎涌来的时候，希特勒下定决心绝不能让他在这场战争中取得的最辉煌的战果完好无损地落入盟军的手中。他派出了一队爆破专家并让他们着手准备炸毁城中的45座桥梁以及重要的工厂、公用设施、政府办公楼等，卢森堡宫、众议院等一些巴黎名胜也在被毁之列。

肖尔蒂茨平生第一次在执行命令前犹豫了。由于美军很快就会从城南和城北跨过塞纳河，巴黎已失去了它的军事价值，肖尔蒂茨感到不应该毁掉这座城市。“我所受命要做的是怎样一种野蛮行径？”他后来写道，“一个在文明社会长大的人又怎么能将这样的计划付诸实施？”

于是，这位奉命要摧毁巴黎的将军决定尽其所能来拯救这座城市。对武装部队最高统帅部有关此项工作进展情况的咄咄问讯他总是避而不答；8月19日，巴黎警察发动起义，由于他从中调停，双方达成了暂时停火的协议。3天之后，街头巷战再次爆发而且眼看要失去控制，肖尔蒂茨向盟军发去一封密电，提醒他们如果再不迅速出兵，巴黎就会毁于一旦。直到这时，德怀特·D·艾森豪威尔才下定决心要解放巴黎。

巴黎警察在8月19日的暴动中利用行李车做掩体，向德国人开火。

# 解放大军的到来

1944年8月24日9点22分，法国的一支装甲兵小分队驶过意大利门并一路未遇任何抵抗地到达了巴黎市政厅。在那儿，抵抗组织的成员正在广播一条振奋人心的消息：胜利的时刻即将来临。几分钟后，坐落在附近的巴黎圣母院的钟声响起，在沉寂了4年之后，这钟声透着胜利的狂喜，显得尤为响亮。不久，遍布巴黎的大大小小的教堂的钟纷纷敲响，汇成了一片欢腾的海洋。

第二天早晨，美军第4步兵师和法国第2装甲师沿着在肖尔蒂茨将军手中得以保全的桥梁跨过塞纳河抵达巴黎。当盟军队伍在巴黎市民的欢呼声中穿过这座城市的街道的时候，他们也同时进入了德军的射程之内，当时城中留守的德国兵在大约60座最著名的建筑内设置了据点。

盟军进攻的第一个据点是占地64英亩的卢森堡宫，在此踞守的有700名党卫队士兵和相当数量的坦克，他们分头埋伏在这座宫殿的花园里。同时，盟军的其他分队包围了众议院、皇家饭店、凯旋门与共和广场及其周围的其他地区。

一辆被法国炮手击毁的德国坦克在协和广场上腾出烈焰。

一些巴黎市民正在观看一辆法国坦克向克里永酒店开火，他们对身边飞来飞去的子弹似乎置若罔闻。不过这座建筑物除了正面的一根圆柱被打断了之外并未受到太大的损害。

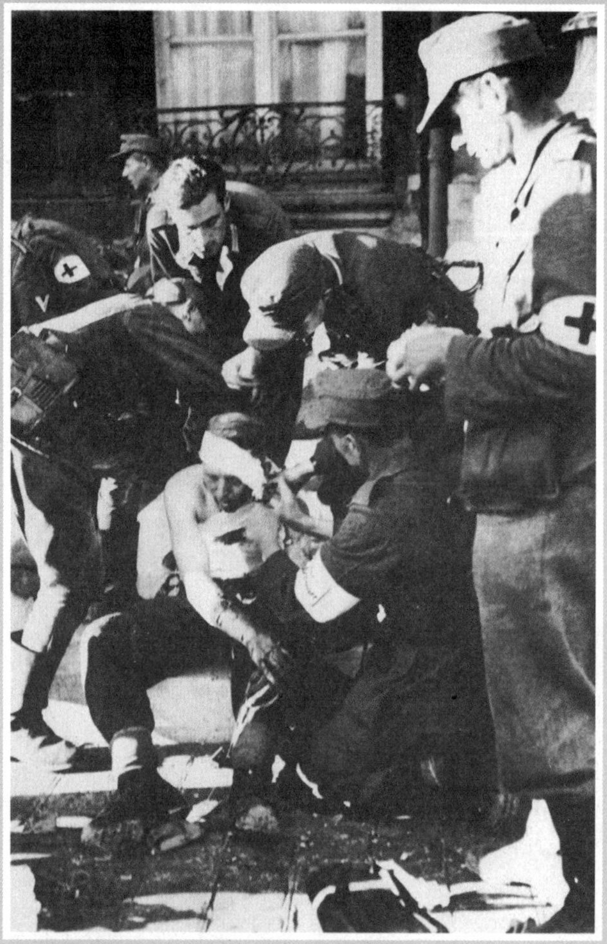

在巴黎卢森堡宫内法国参议院门前的院子里，一位佩戴着红十字臂章的德国军医正在照料他的一位战友。

法国抵抗组织的战士们正押解着一队德国俘虏穿过大歌剧院广场，他们朝天鸣枪以示庆贺。由于害怕遭到市民们的报复性屠杀，许多德国兵直到确认是正规的法国或美国军队到来时才敢缴械投降。

# 不失体面的投降

当盟军队伍在城中四处清除各个据点中的德军的时候，法国第2装甲师的皮埃尔·比洛特上校致信肖尔蒂茨将军，要求他“停止一切抵抗”，否则只会是“死路一条”。肖尔蒂茨拒绝了。“我不接受最后通牒。”他回答说。

8月25日午时许，这位德军指挥官看到一支由200名法国士兵和5辆沙曼式坦克组成的队伍向着他的指挥部所在的默里斯酒店逼来。“先生们，”他对他的部下们说，“我们的最后一役已经打响。上帝保佑你们。我希望活着走出这里的人能被正规部队接管而不是落在普通市民的手中。”

一场激战不久就结束了，法国人占领了这座建筑。肖尔蒂茨，刚刚刮过脸，身着将军礼服，正在他的办公室等着他们，他的军人风范看上去无懈可击。当他在法国人的押解下穿过街道的时候，周围的巴黎市民用污言秽语和唾沫星子来迎接他。他们不知道正是这位将军——这个4年纳粹统治的象征——拒不听从希特勒炸毁巴黎的报复性命令，从而使这座美丽的城市得以幸免于难。

当狙击手们从协和广场周围的建筑里向外开火的时候，提前聚集在这里准备欢迎解放大军的巴黎市民们四散奔逃，到处寻找可以藏身蔽体的地方。

# 一个士兵的命运

肖尔蒂茨被押往巴黎警察署，在那里他签署了由雅克·勒克莱尔将军准备好的投降书。现在，他自己也是一名战俘了，因此，他可以不失颜面地同意勒克莱尔提出的建议——由法、德、美三国军官组成一个军官团到城中仍在抵抗的各个德军据点巡察，命令士兵放下武器投降。

于是，一支多国军官团乘着一辆装有高音喇叭的军用带篷卡车出发了。他们赶到了当天战事最烈的欧根王子营区，从而阻止了一场血腥屠杀，当时1200名德国兵和法国第2装甲师支持下的法国抵抗组织正在这里剑拔弩张。傍晚6点刚过，躲在德军的最后一个据点——法国参议院内的德军停火，不过零星的枪声一直持续到深夜。当时肖尔蒂茨已被一辆美军卡车快速转移到了盟军的战俘营。

3天以后，德军西线总司令，瓦尔特·莫德尔，向帝国法庭提出诉讼请求，要求对肖尔蒂茨做出相应制裁。法庭指控他为叛国罪，并决定对其实行缺席审判。不过，他在德国军界的朋友为使审判延期做出了很大努力。于是，审判还未及进行，战争便结束了。

签署了投降书后，肖尔蒂茨在勒克莱尔的陪同下乘着一辆敞篷卡车驶离巴黎警察署。他被带往法军第2装甲师指挥部，在那儿他在一些附加的停火协议上签了字。

Rettet euch in den
Reichsluftschutzbund
Landesgruppe Groß-Berlin e.V.

# 4. 帝国上空的激战

1943年7月24日晚9时20分许，汉堡的市民们正在享受夏日夜晚的清凉，这时，第一声空袭警报拉响。10分钟后，警报解除。城中的150万居民中的大多数由此得出结论：看来他们的运气还不算坏，他们曾经经历过比这还要严重得多的空袭警报，但多数都是虚张声势而已；而且自从3周前一次讨厌的突袭之后，就一直没有盟军的轰炸机从这座城市的上空飞过。

酒馆和饭店生意兴隆，城中数不清的水道旁边的咖啡馆里也座无虚席。白天，美丽的公园、街心花园和举世闻名的哈根贝克斯动物园中挤满了散步的人。深夜12点33分，警报再次拉响，但许多人并不想回到他们的庇护所去，他们宁肯站在窗前和门廊里向外观望。他们知道夜晚的空袭场面蔚为壮观——当然前提是这些炸弹不落在自家门前。

不过，7月25日凌晨，炸弹还是落在了许多人的门前。盟军的725架重型轰炸机让汉堡人着实见识了一下大规模空袭的可怕威力。汉堡成为盟军的空袭目标绝非偶然：这座德国的第二大城市是重要的工业和商业中心，拥有飞机制造厂、工程设计机构和炼油厂。更重要

这是一张德国政府刊行的海报，上面的标语是："为了拯救你自己，请加入帝国防空联合会。"其目的是为了劝导公民加入到保卫他们的城市的队伍中去，以帮助抵御自1942年起密密麻麻不断从德国上空飞过的盟军轰炸机。该团的130万名志愿者分别就防御的各个步骤向市民提供指导。

的是，汉堡是曾制造了重型巡洋舰希佩尔号、战列舰俾斯麦号和德国1/3的U型潜艇的造船厂的所在地。

一些仍在向天空观望的人终于发现了空袭开始的迹象，英军的引导飞机打开弹舱，成千上万的黄色火烛如瀑布般直落九天，将数英里之内照得亮如白昼。和这些信号标一起飞落的还有照明弹，它们放射出刺目的白光，将城中的大街小巷照得一览无遗。地面的探照灯发出的强光横过天际，德军的高射炮开始朝着尚无法看清的目标发射炮弹。

几分钟后，第一批炸弹从天而降——烈性炸药和燃烧弹密密匝匝地编织成了一道雨幕。那些留在户外观望的人开始四散奔逃，他们或跑向他们的地下室，或沿着街道跑向公用的防空洞，多数人手里提着塞着他们最值钱的物品的手提箱。一对夫妇小心翼翼地躲在街边的阴影里。他们被这亮得刺目的熊熊火花和飞机引擎震耳欲聋的轰鸣声吓坏了。看上去他们似乎很担心远在3英里高空上的英国飞机会发现他们并对着他们的脑袋径直丢下一颗炸弹。

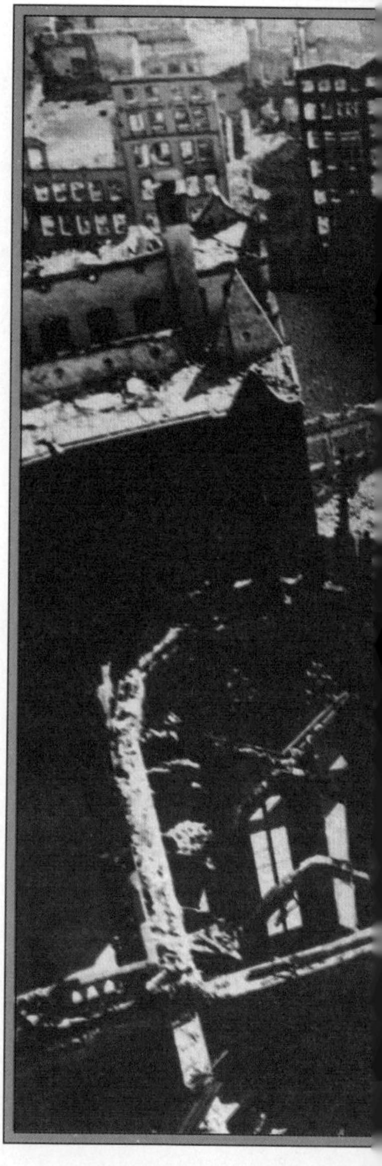

防空洞里人满为患，人们可以感受到大地的震颤。在他们头顶上方的街道上，消防队员正忙于四处扑灭燃烧弹引燃的烈焰。街区长们和希特勒青年团摩托化小分队的队员们竭尽全力给予帮助，但是在从天而降的烈性炸药面前，他们所做的一切显然收效甚微，而且他们自身也伤亡惨重，不久，他们周围的街道就被砖石瓦砾堆位于汉堡中世纪风格区的圣尼古拉教堂成了一片废墟——这是盟军于 1943 年 7 月发动的汉堡空袭的结果。仅在汉堡一处，毁于盟军空袭的有历史意义的古老教堂就达 17 座之多。

满了。转瞬之间，数百座公寓楼、商厦、办公楼——延伸50多英里的临街建筑——就陷入一片火海。

凌晨3点2分，空袭警报解除。约有1500名汉堡市民在此次空袭中丧生，受伤人数则更多。当幸存者们从藏身之处走出来时，呈现在他们面前的是一片废墟。成千上万的人变得无家可归，这座城市的许多标志性建筑只剩下残垣断壁，最大的歌剧院在大火中被烧成了一片平地。警察局和长途电话中转站被炸毁。炸弹还击中了哈根贝克斯动物园，许多猴子获得自由，另外不少动物则被当场炸死，还有一些伤得很重，只能将它们开枪打死。

7月25日的空袭只是英美空军针对这座城市设计的连续10日的疲劳轰炸的开始。8月3日，炸弹终于停止跌落了，至此，大约有4.4万名汉堡市民丧生，其中2/3是儿童。约一半以上的房屋被毁，90万人无家可归。尽管U型潜艇基地未受太大损伤，但战时生产的速度因汉堡市的基础设施陷入瘫痪而大大减缓。即使是使产量恢复到空袭前80%的水平也需要5个月的时间。这就意味着德国海军在大西洋战役中至少要削减20艘潜艇的装备。盟军将此次针对汉堡的连续性空袭命名为Gormorrah行动，而对德国人来说，它只能有一个名字，那就是——灾难。

对汉堡发动的这一系列毁灭性空袭只是欧洲上空持续5年的空战的一部分。英国，包括后来加入的美国，

刚刚参加过授勋仪式的防空志愿者，其中包括两名受伤的少年，正在参加一位死于盟军空袭的战友的葬礼。到1943年中，大约有10万名德国少年——其中有一些还不到11岁——志愿到各高射炮位协助作战。

向德国发动了大规模的空袭以摧毁帝国的工业中心和帝国公民的信心。严格来说，这场空中战争是从 1940 年 5 月开始的。当时希特勒刚刚入侵比利时、法国和荷兰。而空战爆发的直接诱因是德国对鹿特丹发动的空袭。在这次空袭中，鹿特丹市中心被毁，800 名市民丧生。次日，也就是 1940 年 5 月 15 日，温斯顿 · 丘吉尔，新上任的英国首相，下令英国皇家空军实行军事报复。是夜，英国皇家空军轰炸机中队的 99 架轰炸机袭击了德国鲁尔河谷区的铁路和加油站。

由于在之前对德国海军发动的空袭中损失惨重（每次均有 20% 左右被德军的战斗机击落），英军轰炸机后来只在夜间执行任务。随着冬天临近，夜晚逐渐变长，英机借助苍茫夜色的庇护深入到德国腹地。这些早期发动的空袭通常由 100 ～ 150 架飞机组成，每一架都有自己明确的攻击目标，比如某个工厂或军事基地。而飞行路线、飞行高度和轰炸时间都由机组人员自己决定。

直到 1941 年末，英国人才发现这种办法其实收效甚微。一项照相调查结果显示，在声称已完成轰炸任务的机组中，只有 1/5 左右将炸弹投在了预定目标周围方圆 5 英里的投弹范围之内，在烟雾弥漫、重兵把守的鲁尔地区，命中率就更低了，只有 1/10 左右。1941 年 11 月，英军轰炸机大队下令暂停这种远距离作战。

促使英军做出这个决定的另一个原因是德军的坚强防御。为保卫第三帝国而制定的空防计划始于 1935

年，该计划由纳粹党的有关部门直接负责，包括民防系统的建设、空袭警报系统的设置、紧急救援服务的提供以及防御性建筑的研究与设计。当时不少人认为这些举措纯属多余；德国空军司令赫尔曼 · 戈林在战争初期就曾夸下海口：如果盟军的轰炸机能够穿透他的飞行堡垒，“那我就将我的名字改为赫尔曼·迈耶(一个犹太名字)”。

1940 年 9 月，国内防御性建设的浪潮升温。在此之前，作为对德军轰炸伦敦的还击，英国空军轰炸了柏林。希特勒下发紧急命令，命令在 82 座城市中修筑防空洞和其他防御工事。他所说的防御工事包括私人住宅和公寓楼下面的地下室，其中可以容纳一半左右的人口。那些没有地下室，或空袭时恰巧外出的德国人，可以到政府专门修建的水泥塔或庞大的、多层结构的碉堡里躲避。此类防御工事或建于地上，或隐藏在大型商业中心或办公大楼的地下。多数备有应急发电设备，在市区供电被切断时可提供通风和照明。市民们还可以进入高射炮塔的底层躲避空袭，这些高射炮塔可使高射炮的炮位抬高，以使炮手们能够越过周围的建筑物，在一个清晰的视野里向盟军飞机开火。

城市民防系统的核心是消防队和警察局，由年龄偏大、已不适合一线作战的后备役军人提供协助。另外还有大批的志愿者，包括许多希特勒青年团团员和各类专业人员。一些制造公司被责成派工人去帮助操作可移动性水泵。纳粹的有关机构会额外提供灭火设备。每个街区都会有一个街区长，他们负责指挥附近的居民使用其所在公寓楼里的每一层都配备有的水和沙子来灭火。

德国空军还招募市民来帮助操作探照灯和高射炮，其中大多数是妇女和十几岁的少年。战争初期，在英德之间的通路上曾密布着高射炮台，但由于空袭不断升级，德国人只好将多数高射炮移到了最有可能成为盟军进攻目标的城市和军事基地。

但这些高射炮并没有起到多大的直接效果。事实上平均 3300 枚高射炮弹才能击落 1 架飞机。而且其中许多由于受射程所限根本击不中飞在最上层的飞机。然而，密集的高射炮群仍然对盟军的飞行员形成了一定的威慑力，他们不得不迂回前进并且增加飞行高度，从而使命中率大打折扣。而且，对于那些如困兽般挤在防御工事里的德国百姓来说，世界上再也没有哪种声音比邻近的高射炮向着天空发出的轰鸣更动听、更鼓舞人心的了。

然而，负责防御盟军轰炸机的中坚力量却是空军少将约瑟夫 · 卡姆胡伯指挥下的夜间飞行巡防队。卡姆胡伯既是一个飞行专家，也是一个出色的组织者。他设计了一个空中防御系统。该系统将德国西部、荷兰和比利时的上空划为一个个彼此相连的方匣子，每个方匣子有一架飞机，通常是双引擎的容克 88 或梅塞施米特 110，在一个地面雷达站的指挥下巡回游弋。

相应的，每个地面雷达站都装备有 3 组雷达：一组是远距离、多测向的弗雷娜雷达，其远距离探测装置可以发现100英里以外的来犯军机。另外两组是波束狭长的维尔茨伯格（Wurzburg）雷达，这种雷达可将波束定点集中在30英里外的单个飞机上。其中一组专用于指挥己方的战斗机，另一组则用于追踪敌方的轰炸机。一名指挥官负责同时监控两架飞机的飞行位置，并通过对讲机向战斗机的飞行员指示方向并将他带至距离敌机2英里的范围之内。在那儿，机上的飞行员可以用目测，也可以借助机上的利希滕斯坦雷达进一步向敌机靠近，直到进入射程之内。整个系统被称为“天床”，或四柱床，因为机上和地面互相配合的4组雷达是每次行动成功与否的关键。

“天床”在1941年的空战中大放异彩，当时英国皇家空军在对德空袭中采取的是一种单机作战的松散组合。而这种进攻方式使得他们的轰炸机一个接一个地成了德军夜间战斗机的攻击目标。但到了1942年初，情况有了变化。英军轰炸机大队迎来了它的新一任指挥官，亚瑟·哈里斯爵士，以及新的战略——大面积轰炸。空军元帅哈里斯是对德国城市展开无限制轰炸的主要倡导者。他认为轰炸的主要目标不应再仅仅局限于一些特定目标上，而应该囊括城市的每一个角落，也就是说每一枚丢下的炸弹都会造成一定的破坏——如扰乱交通系统、切断电话线、造成停水停电、炸毁工人们的住房等。

由于哈里斯顽固地坚持大面积轰炸的做法，他不

久就为自己在公众中间赢得了“轰炸机”哈里斯的绰号。而他手下的飞行员，尽管很尊重他，但对他的嗜血倾向也不敢苟同，于是私下里称呼他为“大老粗”“屠夫”。

自此盟军飞机不再以某个特定的单位为攻击目标，而是按照领航飞机划定的范围在一个大致的投掷点上向下投弹。它们也不再分不同的时间从不同的方向向目标进发，而是几百架一起，排着精心设计好的队形，统一来去，有时候其首尾相续竟长达 70 英里。

这种新的进攻方式使“天床”威力尽失。集中在一起行动的英军轰炸机群通常只会穿越一个或两个卡姆胡伯方匣。而当一只方匣中的夜行战斗机面对为数众多的盟军飞机应接不暇的时候，在它邻近的方匣中巡弋的战斗机对此却一无所知。尽管卡姆胡伯手下的 400 架夜行战斗机仍在不断地击落盟军飞机（在英军大面积轰炸的第一年里，哈里斯手下的飞行员中只有 30% 活着完成了他们的第 25 次轰炸任务），但他意识到数量不断增加的盟军轰炸机迟早会冲破他的空中防线。

1942 年 8 月，美军第 8 航空队加入了这场空战，

利希滕斯坦雷达，即图中加添在这架梅塞施米特 110 飞机前端的装置，使德军战斗机在盟军的轰炸机编队中往来冲杀、游刃有余。1942 年，一批梅塞施米特 110 被改用作夜间战斗机，作为“天床”体系的一部分，每架梅塞施米特 110 担负着 20 英里领空的巡航任务。同时，维尔茨伯格雷达（右图）负责监控德军战斗机及其追踪的盟军轰炸机的位置，并将其传送至高射炮师指挥部。在那儿，两架飞机的路线都以彩码光束的形式显示在一张带有玻璃显示屏的桌子上（如下图）——红色的代表盟军轰炸机，蓝色的代表德军战斗机。

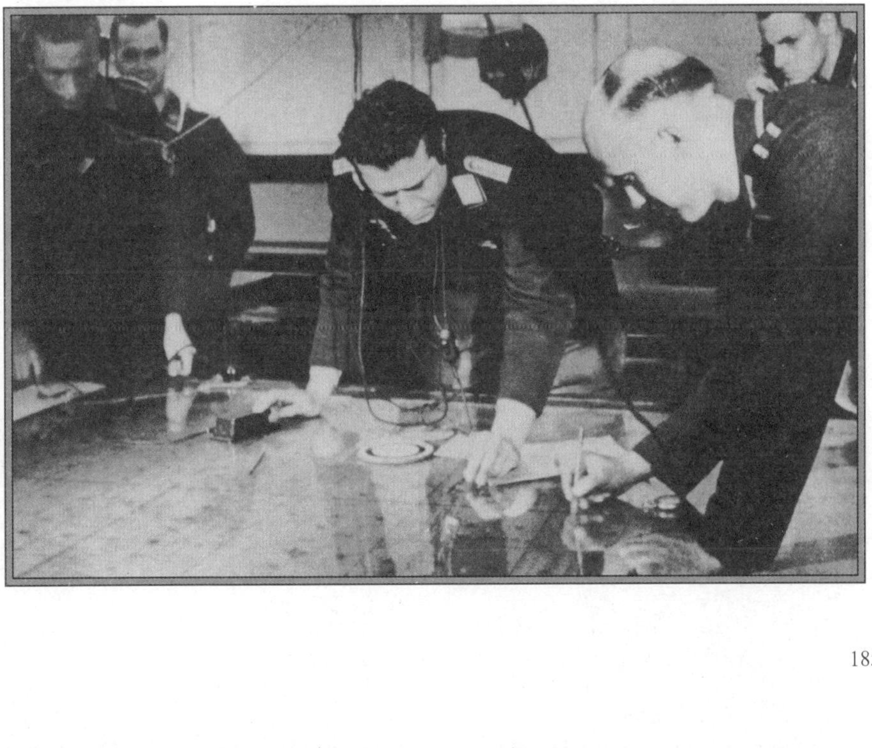

一架梅塞施米特 110 战斗机（右上）正在一架执行日间轰炸任务的盟军轰炸机后面猛追不舍，这张令人震撼不已的照片是从美军一架 B-17 飞机的座舱里拍到的。

德国人面临的防御危机变得更为严峻。尽管将基地设在英国，但美国人更愿意采取在白天出击的方式。他们认为英国人采取的夜间大面积轰炸的方式对于飞行员来说太过冒险，而对于毫无准备的德国百姓来说也显得太冷酷无情。到是年12月，美国人已向被占领的法国和低地国家执行日间飞行任务1500架次，从而给已接近崩溃边缘的德国空军带来了更大的负担。1943年1月，美国的64架飞机向德国设于北海的最重要的潜艇基地威廉港发动空袭，从而揭开了在德国本土上空展开日间轰炸的序幕。

美军轰炸机群的主要成员是装备精良、造型坚固的波音B-17轰炸机，每架上面都装备有10挺50口径的重型机关枪。排着数量通常达54架之多的整齐队形，这些被称为飞行堡垒的庞然大物喷出熊熊烈焰，似乎连天空也被点燃了。在威廉港的空袭中，大多数B-17弹无虚发，让德国人羞愧难当的是，他们有7架战斗机被击落，而美国人却只损失了1架。B-17后来又迎来了它的新伙伴，B-24轰炸机，这种轰炸机更为轻便，且操作起来也更为容易，该机型的基地设有北非和英国。

现在德国空军不得不24小时应战，白天他们要招架美军轰炸机的进攻，晚上还要对付英国人。为了缓解日间战斗机的压力，戈林从俄罗斯和地中海前线召回了200架战斗机，从而将保卫德国本土的飞机数量提高到800架左右。

一排梅塞施米特109战斗机静静地守候在跑道旁边准备投入野猪行动。为了配合夜间行动的需要，这些单人驾驶的日型战斗机必须额外加挂油箱以便能够在620英里的飞行距离以外飞得更远。

德国人也发展了日间应战的新战略。飞行员开始成队出击，往往是50架一起迎击一个盟军的轰炸机战斗队。当发现B-17的头部装甲较薄后，德国空军飞行员开始从正面向其发起进攻，直到盟军飞机完全进入瞄准器后才向其头部发射致命一击。为了使战斗机飞行员能够在迎击一次进攻的过程中飞两个甚至更多的架次，德国空军还配合修建了一些专用飞机场以保障他们能够中途添加燃料、弹药，并迅速返回战场。

1943年4月26日，107架B-17准备袭击不来梅附近的一个伍尔夫飞机制造厂，他们不知道德国人早已在那里严阵以待。由于雷达监控人员尚未通知美军确切的攻击目标，所有的战斗机都还在原位待命。当美军的飞行堡垒最后列队飞抵不来梅上空的时候，德军的两个战斗机编队，忽然从正前方向它们迎面飞来。德军战斗机不顾自己的高射炮火，从盟军飞机的队形中冲杀而过，然后打一个回旋，再重新来过。遭受重创的美军轰炸机不久便折身向基地方向败去，一直到它们跌跌撞撞地飞越北海，德国的空中猛禽仍在后面紧追不舍。当天战斗结束时，德军的战斗机和地面的高射炮共击落美军飞机16架，击伤48架。而德国人仅仅损失了5架。

由于伤亡数字不断增加，美军的指挥官们开始把德国空军列为他们的头号打击对象，德国的飞机制造厂、储机仓和大型轴承厂也在他们的攻击名单上被排在了显要位置。不过，此类工业设施一般都位于德国的中部和南部，要想对其实施轰炸，就必须长途跋涉地飞越大片敌国的领土。此轮进攻从1943年开始，取得了一些收效，但德国的战斗机在美军的轰炸机编队里往来驰骋、大显神威。8月17日，它们在施韦因富特和雷根斯堡上空击落了60架轰炸机；10月11日，在位于芒斯特的铁路枢纽上空又击落了30架。3天以后，291架飞行堡垒再次飞抵施韦因富特上空；其中60架未能踏上归程。在该城上空，大约300架德国战斗机像猎犬一样把美军的轰炸机赶得七零八落，其中一队被追得在比利时、卢森堡、德国和法国上空兜起了大圈子。在最终设法飞回基地的美军轰炸机中，其中17架几乎完全报废，另外的121架也都有不同程度的损伤。没有哪支空军部队能够长时间地承受这样的伤亡，于是美国人决定暂时中止

“向德国第一工人：阿道夫·希特勒致敬。”一条横幅被悬挂在柏林一幢被炸毁的建筑物上，当时是1944年4月20日，希特勒的55岁生日。不过元首本人似乎从来也没有想过要参观帝国境内任何一座被炸毁的城市。

攻击德国腹地的计划。

不过美国人并没有给德军的日间战斗机飞行员多少喘息的机会。早在 1943 年 7 月 30 号针对卡塞尔附近的伍尔夫飞机引擎制造厂和装配厂发动的空袭中，他们就以其实力显示他们迟早会卷土重来。正当德国战斗机对撤退中的美军第 8 航空队的轰炸机进行围追堵截的时候，它们在德荷边境遇上了 100 多架美式 P-47 雷电战斗机，这种战斗机因额外加装了油箱而大大增加了飞行距离。由于德国人的注意力当时正集中在追歼前方已受重创的盟军轰炸机上，他们意外地损失了9架飞机，只击落了一架雷电战斗机。自那时起，P-47就担负起了护送轰炸机战斗队出入德国边境的任务；而到了1944年初，一种新型的美式战斗机更是将护航的范围扩大到了帝国的整个领空。这种单引擎的P-15野马战斗机坚固、快捷、灵敏，和最棒的德国战斗机相比也毫不逊色，而且空中飞行时间长，可以向德国境内的任何一个地方发动进攻。

与此同时，德国空军仍然不得不继续在夜间与英军的轰炸机展开较量。早在1943年6月，夜间战斗机指挥官卡姆胡伯就提出要充实“天床”防御系统，他要求将夜间战斗机的数目在现有基础上再增加两倍，并添置新的雷达和监控系统——而这些要求对于德国业已捉襟见肘的飞机和电子制造业来说无异于雪上加霜。德国空军总司令戈林，一直以来认为卡姆胡伯简直就是吸噬帝国业已空虚的人力和物力资源的无底洞，于是借机用一纸调令把他打发到挪威境内一个无关痛痒的位置上去了。

不过，卡姆胡伯昔日的下属，当时已经开始试验能够使夜间战斗机在没有雷达指引的条件下也能够有效地追踪目标的新方法了。这些方法在1943年中期的战役中起到了关键性作用。当时英军轰炸机开始通过向天空中投放大量铝箔纸的方法来扰乱“天床”雷达系统。由于屏幕上到处是错乱的信号，德国人的电子眼便起不到任何作用了。英国人将他们的新方法命名为“窗口”。而德国人则称之为Duppcl，因为他们正是在Duppcl镇首次发现英国人使用的这种怪招的。

盟军在七八月间对汉堡的空袭中首次使用了“窗口”战略，它使得德国夜间战斗机的指挥中心和高射炮塔无法施展身手，从而将盟军轰炸机的损伤率减少了30%。

不过英国人的优势并没有保持多久。为了不让汉堡事件再次发生，戈林在情急之中决定采用一个相对来说资历尚浅的飞行员的建议。按照空军少校汉斯－约阿希姆·赫尔曼的提议，德军将使用单人驾驶的日型战斗机来迎击盟军的轰炸机，而机上的驾驶员由夜间作战经验丰富的轰炸机飞行员担任。这些战斗机也不再依靠雷达和地面监控站的指引对来往的盟军轰炸机进行拦截，而是伴随着空袭的进程在城市的上空直接行动。一旦将飞机拉高到来犯的轰炸机机群的上方，飞行员们就可借助下面城市的冲天火光清晰地看到敌机的轮廓。在探照灯、信号弹和燃烧的建筑物的交相辉映下，他们面前的一切都呈现出某种怪诞而可怕的效果。因为成功完全取决于它们的孤身历险，所以这些战斗机被称为“野猪”。

1943年7月30日，驾驶着一架伍尔夫190，赫尔曼带领着他的飞行员们向着鲁尔河谷的方向开始了一次“野猪”行动。在起飞之前，他预先安排当地的高射炮手把他们的炮火高度控制在2万英尺以下。但是在追击英军轰炸机的过程中，赫尔曼和他的战斗机组一起被引到了科隆的上空，而这里的高射炮手并没有做预先的安排。在他的下方，赫尔看到许多架轰炸机正被探照灯的光束和猛烈的高射炮火困在中间。但是猛烈的高射炮火对于赫尔曼和他手下的前轰炸机飞行员来说不过是家常便饭。于是他们毫不犹豫地向着炮火最密集的地方飞去。紧紧地跟在一架兰开斯特轰炸机的后面，赫尔曼可以感觉得到机身在高射炮火的冲击下剧烈地震颤，他的眼睛在探照灯刺目的白光下几乎什么也看不见。“就像是坐在一个烧红的铁笼里。”他后来回忆说。当时被追击的盟军兰开斯特轰炸机尾舱中的炮手的注意力正全部集中在下方燃烧的城市上，根据他的经验，此时无需眼观六路、耳听八方：因为德国的战斗机从来都不会从目标的上方发动攻击。从

赫尔曼机上的4挺加农炮中喷射出的炮弹击碎了这位炮手的幻想，兰开斯特腾出烈焰一头撞向了地面。

赫尔曼此次飞行的成功不过是一个开始，不久，整个日间轰炸机中队都开始运用他的野猪战术在夜间飞行了。由于单人的伍尔夫190的油箱容量不足以使它长时间地在高空巡游追逐敌机，所以飞行员们对此做了某些改良，并将改良后的战术命名为“家猪”。这种战术帮助飞行员在地面监控站的指挥下搜寻猎物，因为尽管“窗口”对追踪单架飞机带来了困难，但是地面的雷达系统仍然能够测出盟军轰炸机编队的大致位置。一旦战斗机飞行员们通过无线电波确认了进攻者的大致方位，他们就可以通过目测或者机上的雷达找到他们的目标。如果暂时失去了目标，他们也可以在当前的位置上与地面监控站取得联系，并根据收到的回馈信号再次确定盟军飞机的方位。

汉斯－约阿希姆·赫尔曼上校，德国空军飞行员，“野猪”战术的发明者。依照该战术，德国的夜间轰炸机飞行员们开始使用单人驾驶的日型战斗机在目标城市上空拦截盟军轰炸机。赫尔曼上校因为总有一些离奇冒险的想法而在德国军界臭名昭著。他还曾经建议用水上飞机袭击美国本土，至于燃料和炸弹的供应他认为可以通过在东海岸附近游弋的U型潜艇来解决。

地面雷达监控站只是为战斗机飞行员提供信息的支持性网络的一部分，这个支持性网络其实往往在盟军的轰炸机在天空出现之前就开始他们的服务了。德国空军知道，由于夏夜较短，盟军的轰炸机大队一般不会在这个时节深入德国腹地；他们还知道，在满月的夜晚，一般也不会有大的空袭行动出现。通过研究天气和比较近期的空袭情况，军情分析专家们能够大致估算出盟军的下一场空袭发动的时间和地点。

一旦电子监控站通过无线电和雷达装置监测到英

国皇家空军轰炸机在英国的机场整机待命时，就会发出进攻即将来临的第一批信号，而这时候往往天色尚早。如果敌机数量较多，夜间战斗机各部会在天刚擦黑时得到消息并为即将来临的又一场空袭做准备。当英军飞行员们登上飞机并发动引擎时，德国人就会知道起飞时间在即。随后，地面监控站会通过截取对方轰炸机雷达系统发出的信号的方式估测出其大致的路径，他们的反应速度有时甚至比德国的海岸雷达站还要快。战斗机指挥中心不断地接收和发送此类信号，以及传递通过雷达显示和侦察机飞行员目测得来的报告。

到1943年秋，德国的战斗机飞行员通过采用这种新的战术再一次掌握了帝国夜空的制空权。在8月和9月发生在柏林的3次大轰炸中，他们共击落盟军飞机123架、击伤114架，占盟军飞机总数的14%。面对这样一个数字，英国人再也支撑不下去了。

不过，“野猪”的辉煌也并没有持续多长时间。冬天带来了坏天气，能见度变得很低，而日型战斗机的装备显然不适应在这样的条件下作战。飞行员经常迷路而且有时候由于油料不足又找不到可以停靠的机场只好弃机跳伞。而可以找到地方降落的却又不得不和厚厚的云层和浓雾作战，一不小心就机毁人亡。

到1944年春天，不管是日型战斗机还是夜型战斗机的机翼都变得伤痕累累。在2月和3月间，德国空军战斗机飞行员的伤亡人数达945人，仅日型战斗机飞行员就有 444 人丧生或失踪，244 人受伤——占总人数的 50%。更换飞机不是问题；事实上，1944 年，德国飞机制造业由于疏散到了空袭威胁最小的地方所以产量急速回升。但更换新的飞行员却是另外一回事。德国空军不得不让一些尚未得到充分训练的新手投入战斗，而这使得伤亡人数进一步攀升。

当然更大的难题还是油料的短缺，这是盟军对帝国的石油和汽油生产基地持续轰炸带来的可怕后果。因为供给不足，整队的战斗机只好待在地面上。

1944 年 5 月，美国人开始一次性派出 1000 架 P-51 到德国上空执行任务，而德国人只能将型号不一的战斗机拼凑成一支不足 300 架的队伍起飞应战。美国人的优势太明显了，他们不再安排野马战斗机保驾护航，而是让它们投入正面作战一展英姿。德国战斗机有效防御的时代结束了。

德国空军日渐削弱的防御能力使得德国的城市在持续性轰炸中暴露在了光天化日之下。港口城市基尔遭到严重破坏，法兰克福市中心被毁，周围的许多地区也遭到同样的厄运。许多小城市也未能幸免。在腓特烈港，一个拥有 2.8 万人口和几个飞机、坦克制造厂的小镇，美军轰炸机为这里的每户居民留下了 20 立方码的残砖碎瓦。

不时发生的空袭成了城市日常生活的一部分。收音机里播放的是轰炸机群途经的路线，关于当晚空袭是否可能发生以及会在什么时间发生的预测成了谈话中不可或缺的一部分。许多市民甚至希望空袭能够早开始早结束，这样他们才有可能安稳地吃上一顿晚餐并踏实地睡上一觉。

一名于 1944 年造访过德国首都柏林的妇女发现柏林人在测试美国日间轰炸机的精确度上为自己找到了某种乐子。当时她正乘坐一辆火车飞驰在高架铁路桥上，她发现列车沿途驶过的站台上的人越来越少。这时坐在她对面的一个男人从报纸上抬起头来，看了看手表，接着又望了望天空，然后宣告说空袭就快要来了："12 点钟，与平时一样准时。"

这位造访者在下一站匆匆忙忙地下了车，当时空气中充斥着空袭警报的尖叫声和上千架轰炸机振翼而来的嗡嗡声。这嗡嗡声不久就变成了无情的呼啸。她顺着路标的指引来到了一处公用的防空洞，到了那儿才发现那不过是一条盖着一层锡顶的窄窄的水泥壕。一颗炸弹的气浪把她掀倒在一位老妇人的大腿上，当时整个防空洞被炸得就像是风暴中的一条小船，但那位老妇却口中念念有词地数着数。当数到 8 时，老妇人松了一口气。每架轰炸机的炸弹舱里只能装 8 颗炸弹，她解释道。至少在下一拨轰炸机到来之前可以安生一会儿了。

每当严重的空袭过后，总会有一些市民抨击把他们带到今日这般田地的纳粹政府，但一旦运送救援品的火车和卡车到来，民众的怨气也就不那么大了，因为车上有成桶的汤和夹着薄薄一层黄油和腊肠的三明治。城里的工人一般会在几天里让水、电、气和铁路重新恢复使用。曾经逃往郊区和附近农村的居民们纷纷返回城区生活。那些无家可归、一无所有的人便索性搬到防空洞里去住，白天照旧去上班。一对年轻人在科隆的一个碉堡里举行了婚礼；仪式结束后，新娘和新郎便骑上一辆自行车穿过街市开始了他们蜜月的逃亡之旅。

不过，相当数量的城市居民在很久以前就已经疏散到外地去了。1942 年，一些遭轰炸最严重的城市开

1943 年 7 月，两名儿童在踏上一辆驶离柏林的列车前满脸不情愿地和自己的父亲告别，他们将被送往相对比较安全的乡村教育营。在战争期间，共有 250 万名像他们一样的儿童被从德国的城市里疏散出去。

始疏散妇女和儿童；当时有 100 万左右的德国人转移到了位于乡村的临时营地和农户家中。其中一些人有幸找到了自己的亲友并和他们住在了一起；尽管故园难离，但是至少他们还可以住得较为舒适，有东西可吃并享有安宁的夜晚。其他人就不那么走运了。他们不得不在遥远的异乡和一些陌生人住在一起，整日面对的是狭窄的居住空间、粗陋的饭食和稀奇古怪的民风民俗。在这些难民和他们寄居的农户之间经常发生冲突，许多当地人认为这些外来者干扰了他们的生活。不过尽管如此，许多难民还是住了下来，他们帮助主人做一些杂活，试着和周围的人交朋友，并尝试着与他们散落在后面的挚亲好友们取得联系。

在满目疮痍的城市，物资的短缺要比乡村里严重得多，因为在乡村里毕竟新鲜的食物还比较容易获得。1943 年初，纳粹宣传部长约瑟夫 · 戈培尔在一次讲话中响亮地宣布：帝国上下将投入全面抗战。自此，所有的一切都要为军需生产服务。为了能够腾出人手为军需生产服务，许多工业部门和服务性商品机构缩减了劳动时间或干脆关门歇业。新的法令限制非军用商品的生产，许多奢侈品——包括珠宝和乐器——干脆明令禁止。到这一年年末，由于几乎所有的物资都支援了前线，居民们找不到煤可以用来取暖，新衣服和新鞋也成了一种奢谈。为了进一步缩减本来就已破坏严重的电力系统的用电量，政府规定烧坏的电灯泡一律只能换用瓦数更低的。

这条命令其实是毫无意义的：因为根本就没有电灯泡和保险丝可换，工人们开始冒着被抓起来的危险把办公室用品偷偷地带回家。

尽管食品配额不断地减少，大多数市民还可以勉强糊口。和战争初期相比，德国人能够得到的食物无论是在质量上还是数量上都下降很多。白面包成了一种奢侈品，不在日常配给之列；多数人吃的是混有大麦、黑麦的杂面面包。早在 1943 年初，配给簿上的黄油配额就被人造黄油所代替，后来，鸡蛋的配额变成了每月一个。与此同时，柠檬和柑橘在食品杂货店的货架上永远消失了，意大利的投降彻底切断了此类商品的货源。即便是土豆，德国人餐桌上主食，也在 1943 年的坏天气毁了当年的收成之后变得奇缺。而对于主要靠炖菜来喂饱工人的工厂食堂来说，这个打击尤为惨重，于是政府不得不开仓放粮，拿出了贮备的土豆来应急。

随着战争进程的发展，德国人变得越来越宿命了。到了 1944 年，大部分城市市民都有过不止一次在可怕的空袭中死里逃生的经历，而这种共同经历让他们变得空前团结，甚至远超过纳粹党徒们的想象。然而这种精神，与其说是一种爱国热情，还不如说是一种极度疲惫之中形成的信念，那就是不管发生什么，生命仍将继续。人们对盟军轰炸机的憎恶与仇恨也渐渐地转成了对当权者的厌恶与嘲讽，这种情绪在城中传唱的许多歌曲和打油诗中都可以得到反映。有一支小曲描述了被炸的城市日常生活中的艰难不易和夜晚空袭带来的恐惧，结尾是这样的：“感到沮丧吗，亲爱的朋友？噢不，胜利终将来临！你瞧在那‘坚持到底’的口号之上，写着‘全面抗战’几个大字。”

戈培尔的宣传机器竭力让人民遭受的苦难以较为光彩的一面示人。纳粹党保障每位平民英雄都能因为他的英勇事迹而获得勋章。报章杂志上到处都是有关英雄

事迹的报道，但对盟军轰炸机带来的破坏却往往一笔带过。

1944 年 4 月，戈培尔本人在一篇名为“生活仍在继续”的文章里试图捕捉在炸弹下忍饥挨饿的人们的某种情绪。他从来都没有为柏林感到过如此的骄傲，他写道，这骄傲之强烈只有在这空袭所带来的厄运中才能体会得到。由于交通线被切断，他看到人们步行去上班，男人们由于整晚忙于灭火而衣衫不整、满脸胡茬，女人们拖着沉重的步子抱着炊具为果腹而奔波。可怕的空袭，按照戈培尔的说法，给柏林和帝国境内其他遭到轰炸的城市的人们带来了表现他们的团结和勇气的机会。“如果要记录下这些空袭之夜中所发生的所有不幸，那么恐怕要塞满所有的图书馆。但是抛开这一切，生活仍在继续。”

宣传部长约瑟夫·戈培尔（图左，身着防水短风衣者）正在视察柏林的轰炸现场。“奇怪的是戈培尔无论走到哪里都会有人热情地向他打招呼，”他的一位新闻助手在 1943 年陪同他做了一次类似的视察后这样写道，“这些受苦受难的男人和女人们大概觉得至少还有这么一位国家领导人在关心他们的命运。”

但不管怎样戈培尔的乐观还是建立在经验的基础上。这位小个子的宣传部长是纳粹高层中唯一定期到邻近的被炸地点视察的人。其他的官员大都顾虑重重，当然多数都有非常充分的理由。戈林在 1943 年汉堡的灾难性空袭之后曾视察过这座城市，当时汉堡市民用“赫尔曼·迈耶”这个名字来欢迎他——这无疑是针对他对德国空军的防御能力所夸下的海口的一种嘲笑。也许是汉堡市民所承受的苦难着实让人触目惊心，所以这些胆大妄为者居然没有遭到惩罚。

正当德国的城市在盟军的狂轰滥炸之下摇晃震颤

的时候，德国空军的将领们经过不懈努力终于研制出了一种有可能扭转败局的新型武器。也就是梅塞施米特 262，一种无论是速度还是飞行高度都比最好的盟军战斗机还要优越得多的喷气式战斗机。这种造型优美的双引擎战斗机自 1938 年起就已经在位于奥格斯堡的梅塞施米特制造厂开始研制了，但并没有得到多少来自官方的支持。在战争早期，希特勒和德国空军设计与测试指挥部对是否要生产一种具超前意义的新型飞机的想法持谨慎态度。1942 年底，梅塞施米特 262 通过了一系列

梅塞施米特 262 是世界上第一款应用于实际作战的喷气式飞机，它被认为是飞机设计和制造史上的奇迹。不过，尽管梅塞施米特飞机制造厂在战争结束之前生产了约 1300 架梅塞施米特 262，但是由于投入战场太晚已无力阻拦像潮水一样涌向德国上空的盟军轰炸机。

测试，1943 年春，德国空军战斗机中队指挥官、空军少将阿道夫 · 加朗驾机首次试航。这种飞机的出色表现给加朗留下了深刻印象，他向戈林报告说，它将使德国空军“在前线摆脱困境”。“这种飞机，”他说，“只要运用得当，会使局面焕然一新。”

加朗建议削减其他型号的战斗机的产量，以便集中宝贵的材料和能源来生产这种新型的喷气式战斗机。他认为起码应该把 1/4 的战斗机生产厂投入到梅塞施米特 262 的生产中去。但是希特勒不愿意在一项未经实战检验的技术上冒险。而且当他决定适当让步把产量定在每月 60 架的时候，却发现早已不堪重负的梅塞施米特工厂其实连这个生产数字也达不到。

但是加朗仍不愿放弃。在他的一再要求下，元首于 1943 年 11 月列席了一次试飞演习。试飞的结果让希特勒叹为观止。几乎是一夜之间，他变成了梅塞施米特

空军少将阿道夫 · 加朗，图中被他的军官们环绕居中者，是梅塞施米特 262 战斗机最热烈的倡导者。1943 年，当他首次驾驶该机试飞成功后，他描述自己的体验就像是“托着天使的翅膀飞翔一样”。

262最热心的支持者，当然不久加朗就会发现元首其实对该如何使用这种飞机有他独立的见解。事实上希特勒从未对任何一种防御性战略或武器倾过心，他钟情的是战斗轰炸机，一种比在闪电战的激情岁月里所使用的地面攻击性飞机更具杀伤力的新型飞机。

元首的指令只不过增加了梅塞施米特飞机制造厂里的混乱。为了配合他的指令，飞机的起落装置必须加固以承担附加的炸弹的重量；必须装上额外的油箱以便能够保障可供轰炸之用的有效航程；投弹夹、轰炸瞄准器和相关的电子线路都需要额外设计和制造。况且，由

1944年8月，一群德国士兵（下图）正在把一枚V-1飞弹从它设在法国乡下的隐蔽所中运送出来。为了逃过盟军飞行员的眼睛，这些隐蔽所大都被设在果园或农

家小院里。德军沿法国西北部海岸线设置了 64 个这样的隐蔽所。V-1 飞弹从这里发射后，就像上图中正向伦敦飞落的那枚一样，经过 25 分钟的飞行即可到达英国。

于长期以来用以炼制高温合金的镍和铬严重短缺，所以专为这种飞机设计的 Jumo004 引擎的生产进度也大受影响。机身设计方面也增加了不少问题，另外还有不断冒出的似乎永远也解决不完的其他小问题。

第一批梅塞施米特 262 于 1944 年 4 月投入战斗，当时它们作为一支特遣队的一部分奉命在高空拦截英军侦察机。8 月，梅塞施米特 262 轰炸了盟军在法国境内的地面部队。在随后的一个月里，德国空军将 30 架梅塞施米特 262 划归到瓦尔特 · 诺沃特尼少校，一位有 250 次成功飞行记录的王牌飞行员的麾下，诺沃特尼立即将这批飞机投入了战斗中。在第一个月里，诺沃特尼创下了击落盟军飞机 22 架的战绩，对于这个几乎完全由没有多少作战经验的飞行员组成的战斗机编队来说，这个数字无疑给他们留下了难以磨灭的印象。

但是盟军的战斗机不久就发现了梅塞施米特 262 的致命弱点：这种飞机的起落时间相对较长。10 月 7 日，他们重拳出击，一举击落 3 架梅塞施米特 262。机械性故障和意外事故使更多的飞机成了牺牲品，11 月 8 日，又有 4 架梅塞施米特 262 被击落。诺沃特尼少校也在阵亡将士名单之列，他在与美国一支由野马战斗机保驾护航的战斗机编队交手后坠毁。该战斗队编队在经过 5 周的作战后暂时停飞，30 架飞机中有 26 架失踪或坠毁。11 月，希特勒最终向空军妥协，允许按照战斗机的样式来生产梅塞施米特 262。但他仍然坚持每架飞机必须装备一枚 550 磅的炸弹。

1945 年初，以诺沃特尼的飞行员为主要成员的一支新的、更强有力的作战队伍投入了战斗。其中部分飞机装备有一种新的空对空火箭，R4M。这种非导引型火箭发射的弹头重达两磅，且一触即爆，其威力足以击毁任意一架重型轰炸机。每架梅塞施米特 262 在后翼架上装备有 24 枚 R4M；发射时会像霰弹枪一样形成一片密集的弹阵，至少会有一枚击中目标。飞行员为配合他们迅如闪电的战斗机还调整了新的战术：他们以每小时 530 英里的速度越过敌军战斗机的视窗向下俯冲，向上攀升到轰炸机的下方或后方，然后向后或向上拉以免在靠近敌机时因速度过快而影响发射的精确性。

尽管新的战术和装备使梅塞施米特 262 成了极具杀伤力的空中猎鹰，但是由于数量太少且来得太迟所以已无法挽回德军在空战中的颓局。1945 年初，其总数只有 1300 架——还不及盟军投入一次空袭的轰炸机总量。尽管在德国南部的工厂里有大批的梅塞施米特 262 正准备走下流水线，但在前线如果一天内有 30 架梅塞施米特 262 可以起飞迎击盟军就已经很不错了。而且由于大部分铁路和公路在空袭中被毁，后方的燃油无法运抵前线，所以大多数飞机因为油箱空空只好待在停机坪上。

最后一批梅塞施米特 262 战斗队中的一个是 Jagdge-Schwader 44，该队于 1945 年 3 月下旬组建，队长是加朗将军，前战斗机大队指挥官。几个月前，他因与戈林意见越来越不合被解职。加朗目前手中只有一个飞行中队，但是其中却有不少德国硕果仅存的王牌飞行员，他们不少是在之前的战役中因缺少燃油而不得不弃机跳伞的战斗机中队的指挥官。抱着用世界上最先进的战斗机来结束这场战争的宏图大志，这些勇敢的飞行员们为曾经无比骄傲的德国空军写下了悲剧性的最后一章。

由于防御体系已经土崩瓦解，纳粹政府开始一力地吹捧一种新型武器，并且寄希望于这种武器来延缓失败的到来，甚至彻底扭转败局。由于希特勒一直不愿意放弃对盟军发动进攻的想法，所以这种新武器的使命便是要将战争再次带到英国本土。因为在此之前英国的大面积轰炸战略曾经摧毁了无数座德国城市，所以英国的首都伦敦将会是这些被命名为复仇武器——也就是后来被世人所熟悉的 V-1 和 V-2——的主要攻击目标。

两种 V 武器看上去恰成对比。V-1 是一种小巧的、无人驾驶的喷气式飞机，装备有一吨重的弹头，射程为 200 英里。它的设计十分简单，所以从开始研制到 1942 年圣诞夜首次试飞只用了 9 个月时间。V-2 与 V-1 相比除了在射程和弹头规格上相似外差异很大。它是一种弹道导弹，造价昂贵、结构复杂，由火箭引擎驱动且有一个非常复杂的导航系统。V-2 的研制耗时较长：经过 3 年的艰苦研制，包括几次试飞失败——当然场面相当壮观——最后于 1942 年首度发射成功。由于这两种武器的发射精度都不高，所以它们只能以城市为目标单位，事实上它们无论落在城市的哪一个角落都会造成相当大的破坏。

V-1 首先投入实际作战。其原定日期是 1944 年年初，但是由于盟军飞机不断地轰炸其研制中心和发射基地，所以一直未能付诸实施。到 6 月 13 日，也就是诺曼底登陆开始一周后，德国人匆忙发射了第一批 V-1 飞弹。按照工程人员的预计，它们将于 25 分钟后到达其攻击目标——伦敦塔桥。但是这批于 6 月这一天的破晓时分从它们的弹射器中飞身而出的 V-1 飞弹，有 4

枚刚一升空就一头栽了下来。其他的几枚引擎闪着光、不时颤声器叫着射入了尚漆黑一团的天幕；其中两枚笔直地掉进了英吉利海峡，其余的则继续向着伦敦的方向进发。

由于预先通过情报机关已得知德国将使用新式武器的消息，所以当雷达屏幕上显示出4枚V-1飞弹正飞越肯特郡海岸的时候，英国皇家空军战斗机大队指挥部里的人们知道真正的麻烦来了。然而，几位碰巧看到或听到V-1在头顶飞过的英国老百姓对此却一无所知。他们只是听到了一种奇怪的声音，就像是一辆爬坡的老爷车发出的轧轧声，抬起头，他们看到一道炽热的光斑从低空划过。伦敦东区的一个小学童，被空袭警报的声音惊醒，还以为自己看到的是一架被击中后摇摇晃晃拖着一条长尾巴的德军飞机。这枚V-1落在了城市附近，炸死了3个人，炸毁了1座铁路桥。其他的3枚则落在了距离伦敦甚远的地方。

这第一次行动，是为了赶上希特勒规定的最后期限仓促上马的，V-1的所有重大缺陷通过此次袭击都显露了出来，包括起飞伊始极易坠毁到由于无人驾驶导航系统可靠度不高因而导致大多数炸弹都无法击中目标等等不一而足。这次行动唯一值得称道的地方恐怕是由于它的落点如此之偏以致大多数伦敦人根本就不知道曾经发生过这样一场袭击；从而没有人对一种新的秘密武器已经试制成功并投入使用提高警惕。不过3天以后，他们就将为此尝尽苦头。

6月15日后半夜，德国人发动了一场大规模的V-1袭击。到次日中午，他们共发射了244枚飞弹。其中1/4左右刚一起飞便坠毁了，但大多数还是飞到了英国。在伦敦，空袭警报于午夜之前拉响；到第二天清晨警报仍未解除。很明显某种不同寻常的事情正在发生。早起上班的人们看到了第一批小型飞弹袭来的情景，它们喷着火苗、时断时续地呼啸而来。有时，这种声音会忽然停下来，然后就会有一枚飞弹一个猛子扎下来，随着一声巨响，把周围的建筑物夷为平地，连1/4英里以外的窗玻璃都被震得粉碎。

到是日晚，已有73枚V-1飞弹落在伦敦，而且还有更多的持续不断地飞来。由于空袭警报一直响个不停，挤在防空洞里一夜无眠的伦敦居民们开始就这种新的威胁展开了推测，有人已经给它们起了"嗡嗡弹"或"傻瓜弹"的诨名。在他们头顶的街市里，越来越多的住宅、工厂、公共设施遭到破坏。数千人无家可归，几百人丧生。6月18日，星期日，一枚V-1冲进了皇家卫队驻址——威灵顿营区的士兵礼拜堂。当时正在做礼拜的士兵有119人丧生，141人被炸伤。当营救人员把死难者从废墟中拖出的时候，挤在旁边围观的伦敦市民因恐惧而战栗了，要知道这个地方离国会和唐宁街仅一步之遥。第二天，丘吉尔下令立即将国会下议院从那幢古老的宅邸搬到了一座更牢固的钢筋水泥的建筑里。

到6月底，已有800多枚V-1飞弹登陆伦敦。差不多有2000人丧生，数千座住宅被毁，而且由于空袭警报不断，工厂的生产陷于停顿。英国人因盟军在诺曼底登陆曾一度士气高涨，许多人相信胜利就在眼前。但是这场新的杀戮扑熄了这些想法，而曾在1940年和1941年间的伦敦大空袭中弥漫全国的焦虑情绪死灰复燃。像在第一次空战中一样，市民们再次逃离这座城市，纷纷寻找更安全的庇护所。1944年的夏天，有100多万市民离开了伦敦。

在德国，关于V-1的胜利消息在短时间内着实让一直以来士气低迷的德国民众精神为之一振。“至少，我们针对英国的报复行动开始了。”一个兴高采烈的德国公民在给一名前线士兵的信中这样写道。但是英国人不久就开始以牙还牙了。

6月，2500架英军轰炸机向柏林发动了有史以来规模最为浩大的一次空袭。第二天，美国人如法炮制，他们派出了1000架轰炸机，由1200架战斗机护航。到中午，从一片火海的德国首都腾起的浓烟遮天蔽日，让这个晴朗的夏日提前进入了黄昏。这次空袭的破坏程度要比把所有的V-1对伦敦所造成的破坏加起来的总和还要严重得多，以致一些沮丧的市民开始嘀咕着说这个V恐怕只能与“Versager”，也就是“失败”画等号了。

除了发动战略反击以外，英国皇家空军还在针对V-1飞弹增强防御能力方面迅速采取了行动，他们在伦

一枚 V-1 飞弹（右图，右上）闪电一般掠过像是一片片拼嵌在一起的英国农田，把盟军的一架十四型喷火式战斗机远远地甩在后面。一名英国飞行员在首次参加拦截 V-1 的行动后这样说道：“我头脑中留下的第一个印象就是一截烧得泛白的烟囱。它看上去飞得又直又稳，就好像天地之间没有任何力量可以让它偏离它的轨道。”但是盟军的飞行员不久就开始大胆地尝试一种新的战术，就像上面这张照片捕捉到的一样，通过将他们所驾驶的飞机的翅膀插放在飞弹的翅膀下然后将它拨转出既定的轨道。

敦东南增设高射炮台、阻挡气球并充实了战斗机数量。英军第一支喷气式战斗机中队首次加入战团，在一个月内击落了 13 枚飞弹。后来，奉命追逐 V-1 的战斗机统一将装备和辎重减轻到最低限度以提高飞行速度。然而，飞行员们不久就发现每追击一枚 V-1 飞弹就是一次历险，因为它威力强大的弹头在爆炸时形成的气浪足以把他们的飞机震得踪影皆无。一种更为安全的办法是先在飞弹侧下方与之并行，然后向上拉升，让一侧的机翼滑入弹翼的下方，随后打一个转，让这枚嗡嗡叫着的飞弹偏离它的航道。这个大动作会让 V-1 敏感的无人驾驶系统无法工作，然后整个飞弹就会疯狂地打着旋撞向地面。

德国人针对英国人的防御招式做出的反应是一次发射更多的飞弹。尽管此举在短期内起到了一定的效果——仅 8 月 3 日一天就有 101 枚 V-1 飞弹命中伦敦——但防御者们不久就发现了新的应对方法，并将飞弹的命中率降低到每天 25 枚左右。到了 8 月下旬，由

于挺进中势如破竹的盟军队伍威胁说要捣毁位于法国加来海峡省的 V-1 发射基地，这个数字进一步萎缩。8 月 26 日，伦敦人享受到了 11 个星期以来第一个没有飞弹袭来的安宁日子。其后，在最后一座飞弹发射器于 9 月 1 日落入盟军手中之前的几天里，每天只有零星的四五枚飞弹从空中滑过。在遭受了 2419 枚 V-1 飞弹的洗礼之后，伦敦人终于长舒了一口气。

但英国人的神经在一个星期后再度绷紧。9 月 8 日晚，位于伦敦西郊的切斯威克忽然间地动山摇。当居民们跌跌撞撞地跑出家门时，他们在城镇道路的中间发现了一个 30 英尺宽、10 英尺深的大坑，周围的房舍被炸得七零八落。之前他们没有听到空袭警报声，也没有听到飞弹袭来时的嗡嗡怪叫——除了爆炸时的一声巨响，事先没有任何征兆，有 3 人当场丧生，20 多人受伤。据负责国内防务的官员透露这可能是一次煤气总管泄露引起的爆炸，但没有人相信他们的鬼话。人们纷纷猜测大概是传闻已久的 V-2 火箭终于来了——而事实也的确如此。

当时击中切斯威克的是在 5 分钟前从荷兰的海牙发射的两枚 V-2 火箭中的一枚。在飞向伦敦的 200 英里路程中，这两枚 V-2 冲到了 55 英里的高度，然后以每小时 3500 英里的速度一头撞向地面。自此至 1945 年 3 月末，先后共有 500 枚 V-2 火箭击中伦敦。在这 7 个月中，伦敦人没有一天不是在火箭爆炸的巨响中度过的，有时一两枚，有时 5 枚甚至更多。死亡和毁灭再次成为城市日常生活的一部分。

V-2 火箭的真正可怕之处在于它会忽然间径直从天空中俯冲下来，且落点准确。这种火箭的速度比声速要快；因此，它在地面爆炸的声音要比它在空气中穿行时发出的呼啸声更早被人听到，这和超音速火车其实是一个道理。没有人能够躲得过一件预先看不到任何形迹、听不到任何声音的武器，更何况又是在没有任何防御措施的情况下。一个爱开玩笑的伦敦人的话最能说明问题的实质："如果你听到火箭飞过的声音，说明它并没有击中你；如果你没有听到火箭飞过的声音，说明你已经被击中了。"盟军对设在荷兰的 V-2 发射基地发动了袭击，但收效不大。因为 V-2 的可移动性发射台只需要一块平地——无论是一截公路还是森林中的一片空地——就可以随时装卸并在发射完成后的一小时内就转移到其他地方。唯一一架被击落的 V-2 火箭是在刚发射后几秒钟内正缓慢地向上爬升时不巧正好从一支刚刚完成任务正在返回基地途中的美军的 B-24 轰炸机中队的队形中穿过，当时其中一架轰炸机的机关枪一阵猛射，让它翻着跟头跌向了地面。

在战争结束前的最后一个冬天，V-2 火箭把伦敦变成了地狱。但不无嘲讽意义的是，这些火箭对伦敦市民生活的影响程度实际上还不及那些嗡嗡叫的 V-1 飞弹。因为工人们再也没有必要一听到空袭警报声就往防空洞里跑了。但是它带来了更多的伤亡，人们的生活也变得更加艰难。让人防不胜防的火箭爆炸声让伦敦人既愤怒又焦躁不安。再也没有人有心情为它起什么诨名了。

戈培尔的宣传机器不放过对这些复仇武器取得的任何一次胜利进行大肆宣扬的机会。“整排的房屋轰然倒塌，”德国人的一个电台这样广播道，“它们将一切碾为齑粉——砖瓦、石头，尤其是玻璃。”然而，在帝国境内备受蹂躏的城市里，没有人理会这些空洞的陈词滥调，当地的居民对轰然倒塌一类的场面见识得太多了。除了狂热的纳粹党徒，所有的人都知道，不管这些 V-武器杀伤力有多强，都无法再挽回德国的败局。

1945 年初，苏联红军踏破了德国的东部边境，而英国人和美国人则从西向东推进，与此同时，德国城市遭到了更加惨重的空袭——某些地方甚至一天遭受 3 次空袭。盟军集中轰炸柏林，B-17、B-24、兰开斯特轰炸机轮番展开轰炸，英军的蚊式战斗轰炸机也不时前往助阵。2 月中旬，盟军抛掷的燃烧弹引起了一场大火，把德累斯顿烧成了一片平地。3 万人在大火中丧生，其中许多是从其他地方逃来的难民，不无讽刺的是，他们在此之前还以为终于在这里找到了可以栖身的避风港。

试图逃离城市的人们发现这其实是一种冒险的做法；成百上千架盟军战斗机在天空中盘旋，一切可移动的物体都会马上成为它们的射击对象。白天，几乎所有的火车在行进过程中都至少会遭到一次猛烈的机关枪扫射，乘车在乡间穿行变得就像是参加一次军事演习，你不得不随时注意天空，而车窗外不时掠过的风景是一堆堆被炸毁的大小汽车的残骸。

许多德国人干脆待在原地不动，静静地等待战争的结束。家里的一个小角落，一个柏林人这样写道，也比世界上任何一个地方的豪华宫殿要好：“如果他们毁了我们的起居室，我们就搬到厨房。如果他们把厨房炸成了两半，我们就搬到走廊。只要我们能够待在自己的家里就行了。”

在随后的4月20日，希特勒的56岁生日，柏林遭到了最后一次大规模空袭。空袭之后，整个城市千疮百孔、一片死寂，城中的电、气、排水系统彻底被毁，交通陷入瘫痪。形容枯槁的市民排着长队期待着能够分得一点儿食物；他们只能从消防水喉处接水解渴。3个星期以后，射击声终于停止了。一位幸存者的话似乎最能代表所有这些从废墟中站起身来的男人和女人的心声：“这看起来就像是世界的末日，但是，我们活过来了。”

一枚被希特勒称之为超级武器的 V-2 火箭——也被称为 A4 火箭——从它位于德国佩讷明德的实验发射基地向着天空呼啸而去。其速度最高可达每小时 3500 英里，且在飞行途中无法拦截，但由于技术原因它的故障率很高。在 4000 枚射向伦敦的 V-2 火箭中，有 1000 枚左右落在了英格兰南部。

## “疯狂世界”里的生活

“就像是中世纪油画中的地狱之火，”乌尔苏拉·冯·卡多夫，一位日记作家，在描述一次盟军空袭之后无情地吞噬着的柏林的熊熊烈火时这样写道：“大火整夜燃烧，淹没了空气中所有的呻吟与哀号”，这是不来梅歌剧院的一位芭蕾舞女演员对当年她所居住的城市遭轰炸时的情景的记忆。关于发生在汉堡的另外一场空袭，该市的警察局长只用了一个简短的句子来概括：“没有人能够想象得出当时的场面有多么恐怖。”

但是这种无法想象的恐怖场面对于正在遭受有史以来最具摧毁性的空袭的德国百姓来说却是司空见惯的。在盟军投下的100多万吨炸弹中，只有12%左右击中了军工产业，至少有半数落在了居民区，360万座住宅被毁，100多万人丧生或严重受伤，750万人无家可归。这些数字还只是估计数字。由于德国的统计档案在战争的最后一年几乎完全被毁，所以当时准确的伤亡数字已无从得知。

幸存者们还要面对加倍的恐怖：地面上到处是烧焦的尸体，废墟下面传来被困在里面的人们虚弱的叩击声，而电影女演员希尔德加德·内夫的描述就更让人毛骨悚然：“被埋在地下，还未及挖出的尸体散发出一种油腻腻的味道。”一位汉堡市民想起当时的老鼠就悚然心惊，因为以尸体为食所以长得“又肥又大、油光水滑”；还有成群结队的苍蝇，“每天醒来首先听到的就是它们振翅飞舞的嗡嗡声”。

在德国的生活变成了一种在危险的环境中求生存的原始本能。城市中的居民总是和衣而眠，这样在警报拉响时就不至于因为穿衣而浪费宝贵的时间。他们学会了储藏食物和水，也学会了收集木屑来烧火做饭。每次空袭过后，他们就四散开来清理瓦砾，挖掘死者。“就像是提线木偶，每天都上演同一场戏：在灰烬里四处搜寻、挖掘、掩埋。”“没有时间抱怨，”一位幸存者写道，“在一个看上去完全疯了的世界里，只有孩子们有时会禁不住发出一两声哀号。”

"我们还活着，"一位年轻妇女在她被炸毁的家的残墙上写道，希望能够借此找到与她失散的亲人。

# 在废墟中求生存

紧紧地抱着他们的行李包，慕尼黑的一对夫妇快步走过一幢正在燃烧的建筑。他们的城市，希特勒的国家社会主义运动的摇篮，经受了9次严重空袭。

几个士兵和市民正一起将一个受伤的男人从威廉港一幢被炸塌的建筑物中抬出来。许多德国人侥幸逃过空袭，但是却被困在山包一样的瓦砾堆下，最后窒息而死。

柏林人挤在一个地下防空洞里等待空袭结束。洞壁上写有“保持安静！禁止吸烟！”的字样。像这样的防空洞只要上方的建筑物中弹倒塌，就会向下凹陷，并把里面所有的人都活埋起来。

## 抢救物资、清理瓦砾

两名12岁大的希特勒青年团员正在柏林一幢被炸毁的房屋处收集木材。木材在当时被作为一种珍贵的物资储存起来，用以烧火做饭和修补被炸坏的门窗。

一队妇女志愿者正在一幢被炸平的建筑物的废墟上清理碎石瓦砾，她们被誉为柏林的“碎石清洁妇”。到 1945 年，帝国上下大概覆盖有 4 亿立方米的砖头瓦砾。

儿童的快乐天性并没有因为灾难而磨灭，图中的这几个科隆孩子正利用一根从倒塌的建筑物上跌落下来的横梁玩滑滑梯的游戏。

柏林人手提水桶，在一个市政喷泉前排队汲水用来洗衣做饭。由于炸弹经常炸裂输水管道，所以大部分市民都被切断了水源。

在一场大规模空袭之后，柏林市民们聚集在伯兰登堡门附近领取政府提供的食物配额。一位居民说她每天的主食是人造咖啡、面包卷和一种“经过稀释、搅拌、调和、煎炸后制成的蛋糊状的东西，吃起来有一股胶水的味道”。

## 节衣缩食、艰苦度日

由于缺少电和煤气，柏林的妇女在街边用煤炉烧饭。生活的艰辛使得邻里之间变得格外亲密。“生活是很可怕，而且我知道我下面要说的话也许听起来很蠢，”一位居民后来坦言，“但是人们从来也没有像那时那样的亲切和友善”。

## 走，还是留

一对住在一间外墙全被炸掉的公寓里的汉堡夫妇正在房间里晾晒衣物。回忆起纳粹党曾许诺要给每个人提供一个健康的生活环境，一位市民开玩笑地说："好了，现在我们真的有了我们需要的阳光和空气了！"

身边环绕着她的所有家当，一位老妇坐在汉堡郊外阿尔托纳的一尊雕像下面吃她少得可怜的一点食物。1943年，在连续10天的空袭之后，150万汉堡市民中有2/3逃离了这座城市。

从汉堡逃出来的一家人用一辆木板车拉着他们仅有的一些物品。一名生活在邻近一个小镇的妇女后来回忆道，即使是用食物和水也无法让这些精神上饱受创伤的人们停下脚步："他们一心只想着逃得远些，再远些。"

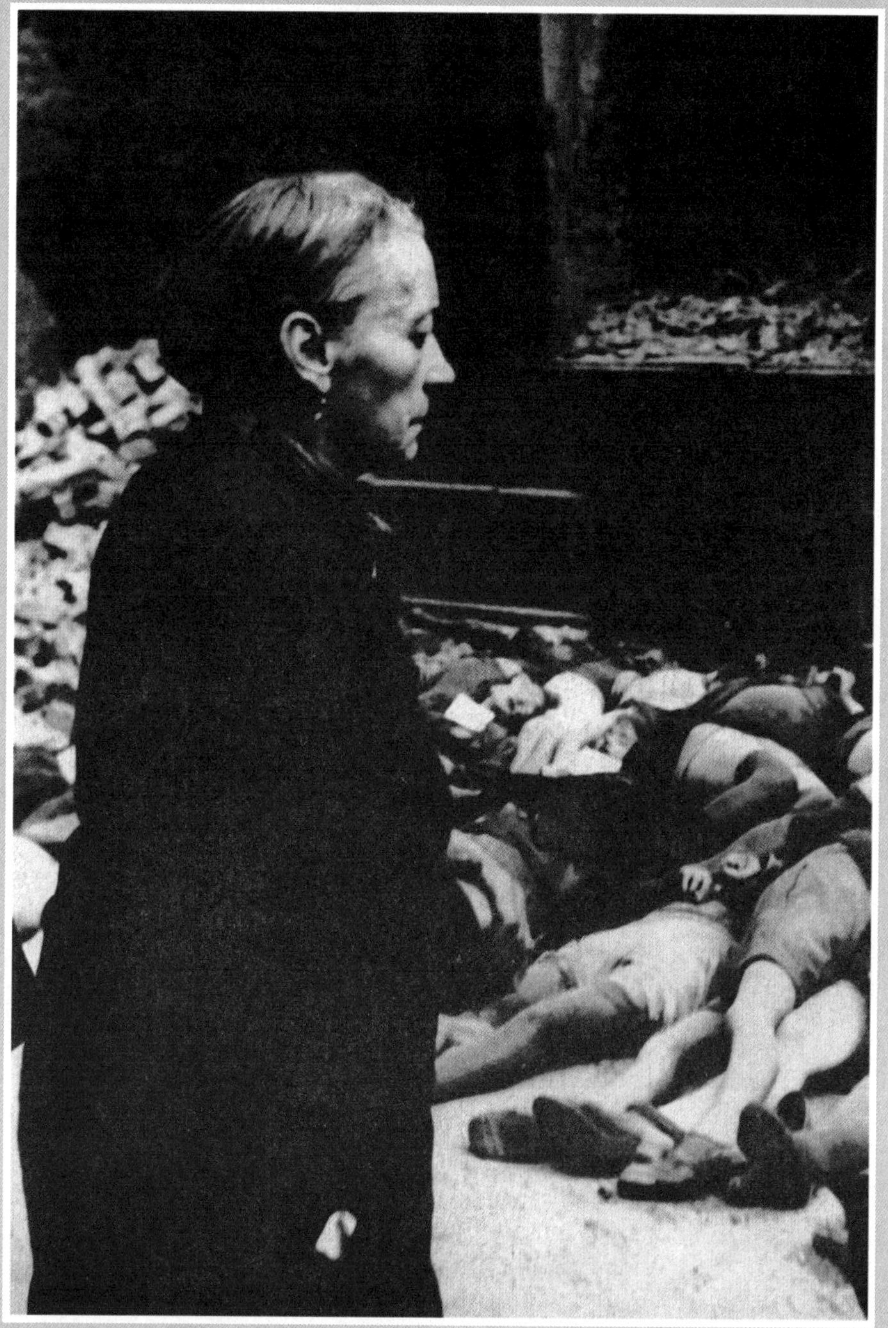

# 寻找死去的和失散的亲人

1944 年 12 月的空袭过后，柏林的一座体育馆的地板上摆满了死难者的尸体，周围摆放的圣诞树在此时此刻显得格外刺眼。

一名老妇人正在死人堆旁寻找自己失散的亲人，她目光呆板地瞪视着眼前的一切，一脸的死寂与绝望。

## 白玫瑰行动的烈士

1942 年春，对纳粹政权的不满情绪在慕尼黑大学的学生团体中形成了一股暗流。25 岁的医科大学生汉斯·肖尔早就对希特勒的“绝对的服从和铁一般的纪律”感到愤慨，当他读到法国芒斯特省主教为谴责纳粹者对无治愈希望的精神病患者采取的灭绝政策所写的布道词的抄本时，他欢呼道：“终于有一个人有勇气站出来说话了。”他决心在里面加入自己的声音。在他的朋友克里斯托夫·普罗布斯特和其他几个人的支持下，肖尔开始印刷和散发反纳粹政府的传单。

肖尔的妹妹索菲刚刚于 6 周前迈入大学的校门，这时有人递给她一本名为“白玫瑰丛刊”的小册子。里面的文章号召大家“消极对抗”，“以阻止这台无视神的存在而疯狂运转的战争机器。”当索菲发现文章的作者就是她的哥哥时，她决心和他并肩作战。在随后的几个月里，“白玫瑰”——这个名字之所以被选中是因为它象征着纯洁——向德国各地散发了数千份传单。

1943 年 2 月，汉斯和索菲从一个大讲堂的顶上向下抛撒传单。这时，学校的一个看门人，一名地方纳粹党的成员，看到雪片般满天飞的传单后报了警。几分钟之后，兄妹两人被拘捕并被带往盖世太保的总部。普罗布斯特也于之后不久被捕。

在连续 4 天的刑讯逼供和一场草草的审判之后，3 个年轻人于 2 月 22 日被宣布为叛国罪；并于是日下午被砍了头。

尽管“白玫瑰”并没有像它的发起者所希望的那样真正唤醒德国民众奋起反抗，但汉斯·肖尔在临死之前喊出的那句“自由万岁”的口号却回荡在许多人的心中。

1942 年 7 月，白玫瑰组织的成员汉斯·肖尔（左）、他的妹妹索菲以及朋友克里斯托夫·普罗布斯特正在开一个碰头会。

图书在版编目(CIP)数据

欧洲要塞 / 美国时代生活编辑部编；刘靖译 . -- 修订本 . -- 海口：海南出版社，2015.1

（第三帝国）

书名原文：The third reich:Fortress Europe

ISBN 978-7-5443-5801-9

Ⅰ . ①欧… Ⅱ . ①美… ②刘… Ⅲ . ①德意志第三帝国 – 史料 Ⅳ . ① K516.440.6

中国版本图书馆 CIP 数据核字 (2014) 第 271517 号

**第三帝国：欧洲要塞**（修订本）

作　　者：（美国）时代生活编辑部（Time Life Books）
译　　者：刘　靖
选题策划：李继勇
责任编辑：桂书方
装帧设计：黎花莉
责任印制：杨　程
印刷装订：三河市祥达印刷包装有限公司
读者服务：蔡爱霞
海南出版社　出版发行
地址：海口市金盘开发区建设三横路 2 号
邮编：570216
电话：0898-66830929
E-mail：hnbook@263.net
经销：全国新华书店经销
出版日期：2015 年 1 月第 1 版　2015 年 1 月第 1 次印刷
开　　本：787mm × 1092mm　1/16
印　　张：15
字　　数：180 千
书　　号：ISBN 978-7-5443-5801-9
定　　价：38.00 元